発達障害のある人の「ものの見方・考え方」

「コミュニケーション」「感情の理解」「勉強」「仕事」に役立つヒント

下山晴彦・黒田美保 監修
高岡佑壮 著
安川ユキ子 イラスト

ミネルヴァ書房

監修者まえがき

本書は、発達障害支援の最前線で活躍する心理職の若きリーダーである高岡佑壮先生の最新著作です。高岡先生は、発達障害特性の認知特徴に関する最新知見に基づき、人々が生活しやすくなるための支援の新たな地平を切り開いています。本書は、高岡先生が自らの実践経験の成果を踏まえて、発達障害の当事者も関係者も日々健やかに暮らすために役立つポイントを分かりやすく解説した画期的書物です。

では、本書は、どのように〝画期的〟なのでしょうか？　それは、発達障害支援で陥りやすい〝ズレ〟を〝つなぐ〟ための独自の工夫が随所になされているからです。類書にはない本書の特徴は、次の五つのポイントにまとめることができます。

① 〝当事者〟と〝支援者（家族を含む）〟をつなぐ

これまでの関連書籍は、専門家或いは定型発達者が、当事者に適応行動をさせるための方法をまとめた解説指導書ばかりでした。それに対して本書は、当事者自身が読んで納得できるための工夫がされています。当事者は自己理解を深めるために、家族などの関係者は当事者の立場にたって心の動きを理解するために本書を活用できます。

②〝分かりやすさ〟と〝最新の専門的理解〟をつなぐ

これまでの書物は、専門家向けのテキストか、或いは一般向けのガイドブックかのいずれかに二分されていました。それに対して本書は、分かりやすい「導入部分」と最新の研究成果に基づく「解説部分」から構成されています。そのため、誰にとっても分かりやすく、しかも専門的な解説書となっています。

③〝問題行動〟を〝それが起きる背景要因〟につなぐ

本書では、「導入部分」において問題となっている場面で起きている行動を具体的に示した後に、「解説部分」で問題行動の背景にある認知的特徴を説明し、問題を全体として理解できるようになっています。

④〝視覚的把握〟と〝言語的理解〟をつなぐ

導入部分では、新進気鋭のイラストレーターである安川ユキ子さんが問題場面を具体的に描いた挿絵が組み込まれています。物事の論理的理解が苦手な人にとっても問題を視覚的に把握し、直感的に理解ができるようになっています。次に解説部分の論理的解説を読むことで、言語的理解を深めることができます。

⑤〝問題理解〟を〝問題の改善〟につなぐ

問題行動の背景にある認知的特徴を理解することで、当事者の困り感の背景にある問題の本質を理解し、当事者に共感することが可能となります。それによって支援者は、当事者と協力して問題の改善に向けての活動を進めることができるようになります。

このように本書は、誰にとっても発達障害の理解と支援に役立つ書物になっています。多くの方にお読みいただき、本書が障害という枠を越えて支え合う社会の形成に向けて貢献できることを願っています。

二〇二一年　秋風の立つ日に

下山晴彦

はじめに

「人間関係が上手くいかない。もしかしたら私は、発達障害かもしれない」

「うちの子は学校になじめていない。発達障害かもしれない」

「ネットで発達障害について調べたら、自分に当てはまることばかり書かれていた」


筆者は普段、臨床心理士として様々な人のお悩み相談を受けていますが、その中でこのような話を聞くことが本当によくあります。

昨今、テレビやネットを通して、発達障害に関するニュースなどを見る機会が増えたのではないかと思います。そして発達障害について知ることで、「自分も発達障害では？」とか「うちの子も発達障害では？」と思えてくる場合もあるかもしれません。


「自閉症スペクトラム障害（ＡＳＤ）の人は、コミュニケーションが苦手」

「自閉症スペクトラム障害（ＡＳＤ）の人は、こだわりが強い」

「注意欠如・多動性障害（ＡＤＨＤ）の人は、うっかりミスが多い」

このような知識を得ることで、「自分はＡＳＤだから人と上手くかかわれないのでは？」とか、「自分はＡＤＨＤだからミスが多いのでは？」といったように、「上手くいかない理由＝発達障害」と思えてくる場合も珍しくないと思います。

さて、ここで読者の皆様に、考えていただきたいことがあります。

「ＡＳＤの人はコミュニケーションが苦手」だとして、なぜ苦手なのでしょうか？
「ＡＳＤの人はこだわりが強い」と言いますが、なぜこだわりが強いのでしょうか？
「ＡＤＨＤの人はミスが多い」のもなぜ？　どんな理由でそうなるのでしょうか？

世間でよく言われる、「発達障害の人は○○○○だ」という様々な話がありますが、ではなぜ○○○○なのでしょうか？　より具体的な理由は何なのでしょうか？

本書では、この具体的な理由について解説します。

読者の皆様へのガイド

本書では、発達障害のある人たちの「ものの見方・考え方」について解説します。

ここで言う「ものの見方・考え方」とは、専門的には「認知機能」と呼ばれる概念です。ただ、「認知機能」という堅い言い方では、この概念のイメージが伝わりにくいかもしれません。そこで本書では便宜的に「ものの見方・考え方」とか「情報処理の仕方」といった言い方で、この概念に関する解説をしていきます。

さて、この認知機能（＝ものの見方・考え方）とは何なのかというと、簡単にまとめれば次のように説明できます。

「身の回りにある様々なものごとを、頭の中でどのように処理しているか」

「頭の使い方の特徴」、と言ってもいいかもしれません。人間の頭の使い方は一人ひとり違っていて、誰もが「その人らしい頭の使い方の特徴」を持っています。言いかえると、「身の回りにある情報の処理の仕方に、かなり個人差がある」ということです。

そして、発達障害のある人は、この情報処理の仕方がとりわけ独特で、その独特さが生活上の様々な困難に影響しているということが、多くの研究などを通して示唆されています。

その独特さの詳細を知ると、様々な困難の原因が推測しやすくなります。そして原因が推測できれば対策も立てやすくなります。本書が、そのための手がかりになればさいわいです。

◇本書の構成

本書は四つの章で構成されており、章ごとにテーマが決まっています。

第1章のテーマは「コミュニケーション」。
第2章のテーマは「感情の理解」。
第3章のテーマは「勉強の仕方」。
第4章のテーマは「仕事の仕方」。

各章は四つの節から成ります。それぞれの節に「トピック（冒頭の導入部）」と「解説」という二つのパートがあります。「トピック」では、その章のテーマに関連する何らかの「ものの見方・考え方」などについて短く説明します。「解説」では、「トピック」で述べた内容について、より詳しめに説明します。

「コミュニケーション」「感情の理解」「勉強」「仕事」――これらに関して何らかの難しさを感じている人は珍しくないと思います。それぞれの難しさの原因としてどのような「ものの見方・考え方」があるのか／難しさにどう対処するとよいかなどに関して、「トピック」と「解説」の両方を通して説明します。

「トピック」では各節の要点をまとめているので、「要点だけ読みたい」というときは、「解説」を飛ばしてくださってもかまいません。

また、ほとんどの節の内容は他の節から独立したものなので（一部関連はありますが）、「最初から読まないと内容がまったく把握できない」ということはないかと思います。

第1章第1節から順番に読んでくださっても、目次を見て気になった章・節から読んでくださってもかまいません。どうぞよろしくお願いします。

目次

第4章　「仕事の仕方」の背景にある「ものの見方・考え方」

第1章

「コミュニケーション」の背景にある「ものの見方・考え方」

第1節　コミュニケーションは難しい

「コミュニケーション能力」という言葉をよく聞きます。その能力が現代社会においてとても大切だ、という風潮があるからかもしれません。このために、「自分はコミュニケーションが上手くできない」とお悩みの方も多いのではないかと思います。

たとえば「上司の顔色をうかがうのが苦手」「会社の飲み会で何を話していいのかわからない」など。「友達作りが苦手」「同級生と話が合わずに孤立してしまう」といった悩みを抱えている子どももたくさんいるかと思います。

しかし、コミュニケーションはけっして「できて当然のこと」ではないと思います。

むしろ、じつはかなり「難しいもの」なのではないでしょうか。

なぜかというと、人は誰かと会話するとき、たいてい「一度にたくさんのこと

を同時に考えなければならない」からです。相手の言葉だけではなく、言葉の裏側にある気持ちや、相手の表情、相手の立場など、「話しながら考えなければいけないこと」は、じつはたくさんあります。それらすべてをきちんと考えながらコミュニケーションできる人の方が少ないかもしれません。

「自閉症スペクトラム障害（ＡＳＤ）」という発達障害のある人は、この「一度にたくさんの情報を同時に処理すること」がとくに苦手な傾向にあると考えられています。

ＡＳＤの特徴として、よく「コミュニケーションの苦手さ」が挙げられますが、その理由は「たくさんの情報の同時処理

が苦手だから」である、という仮説もあるのです。

さらに言えば、人は「同時処理ができる人」と「できない人」にくっきり二分されるわけではありません。「同時処理がかなり苦手な人」「少し苦手な人」「ほんの少し苦手な人」……と、苦手さの「度合い」が人によって違っています。

このため、「同時処理が『ほんの少し』苦手なだけなので、これまでは問題なく生活できていたけれど、人と関わることの多い仕事（営業など）を始めたとたんに上手くいかなくなる」という場合もありえます。

以上のことから、「何だかコミュニケーションが上手くいかない……」とお悩みの方は、まずご自身の「同時処理の苦手さの度合い」を知ることも大切かと思います。

【解説】情報の同時処理の苦手さ

「コミュニケーションが苦手」とはどういうことか?

「私、もっとコミュニケーション力をつけないとダメだわ」といったように、私たちは日常的にコミュニケーションという言葉を使います。しかし、「コミュニケーションが苦手」とは、**具体的には「何が」できていないということなのでしょうか?** この問題については、じっくり考えたことがない方もいらっしゃるかもしれません。そこでまず、「コミュニケーションの苦手さとは何なのか?」という話から始めていきたいと思います。

もちろん、この問いに対して「絶対にこれこそが正しい」という答えを見出すことは難しく、人によって意見が分かれて当然かと思います。ここで示す「コミュニケーションの苦手さ」の定義は、あくまで一つの仮説だと考えていただければさいわいです。

さて、「コミュニケーションが苦手」という、この漠然とした言葉。それをもう少し詳しめな表現で言いかえると、このようにならないでしょうか。

「『相手が自分に向けている期待』に、こたえることが苦手」

人は人とかかわるとき、たいていは相手に「こうしてほしい」という期待をします。たとえば、

「学校での休み時間、テレビ番組の話で盛り上がっている子どもたちは、輪の中に入ってこようとしたクラスメイトに『その番組の話をしてほしい』と思っている」

「会社での会議の時間、上司は若手の社員に対して『自発的に意見を言ってほしい』と思っている。一方で、『あまり長くはしゃべりすぎないでほしい』とも思っている」

といった期待です。

このような期待にこたえること（前者の場合は「その番組の話をすること」、後者の場合

は「自分から意見を言い、発言の時間は短くすること」）ができ、相手が強い不満を感じずにいられたら、その人は「コミュニケーションをする力が発揮できた」と言えるでしょう。

もちろんこれは、「相手にひたすら合わせることだけがコミュニケーション能力である」という話ではありません。相手に合わせるだけではなく、自分の希望を相手にわかってもらうことも、コミュニケーションに含まれるのですから。ただ、コミュニケーションが「自分も相手もあまり不満を感じずにいられること」を目指す取り組みである以上、自分の希望を伝えるときも「相手に不満を感じさせないための配慮」が必要となります。その配慮をするには、「この相手は、こういう言い方はされたくないだろうなぁ」といった推測が必要です。そのためやはり、コミュニケーションに際しては、相手の期待をふまえることが不可欠と言えるかと思います。

相手の期待を読み取るために必要なこと

さて、コミュニケーションをこのようにとらえてみると、どう感じますか？

コミュニケーションとは、じつは相当「難しいこと」ではないか、と思いませんか？

筆者としては、「相手が自分に何を期待しているのかを読み取り、それにこたえること」

は、けっして簡単ではないと思います。というのも、その**「相手が自分に期待していること」は、必ずしもはっきりと言葉にされるわけではない**からです。

たとえば、「休み時間にテレビ番組の話で盛り上がっている子どもたち」は、その輪の中に入ってきた子に対して、

「今はこのテレビ番組の話をしているからね。その話がとても楽しいから、話題を変えようとするのはやめてほしい。それをされると僕たちは嫌な気分になってしまうよ」

と、わざわざ言ってくれたりはしません。

「若手社員の発言を待っている上司」も、黙っている社員に対して、

「様々な意見を積極的に出してほしいんだ。ただし長くしゃべりすぎないでね。会議の時間はみんなで共有している時間だから。そこで一人だけ長い発言時間を取ると、周りの社員は自分の時間を取られたように感じてイライラするよ」

と、いちいち伝えてはくれないと思います。

では、人はどのように「相手の期待」を読み取るかというと、じつは**「言葉で説明される事柄『以外』の様々な情報」に同時に注意を向ける**ことで読み取るわけです。その情報

とは、たとえば次のようなものです。

◎「休み時間」の場合

①テレビ番組の話をしているときの楽しそうな表情

②その話をしている子どもたちが早口でしゃべっている様子

③「そのテレビ番組が今、小学生の間で大人気である」という流行の状況　など

◎「会議」の場合

①上司が黙っている若手社員たちをちらちらと見ている様子

②会議に出席している社員の人数の多さ

③会議の終了予定時刻　など

会話の内容だけではなく、右のそれぞれの「情報①〜③」にも注意を向けるからこそ、「今はテレビのこと以外の話をするとみんな嫌がるだろうな」とか、「上司は若手社員の発言を求めていそうだ。でも時間は限られているから、自分ばかり長く話すと周りの社員に迷惑だろうな」といった推測ができるわけです。

つまり、**コミュニケーションを上手く行う（＝相手の期待を正確に読み取る）**ためには、

一度に多くの情報について意識しなければいけないということです。だからこそ、「情報の同時処理が苦手で、わずかな情報に注意が一点集中しやすい」という「ものの見方」をしがちな人は、コミュニケーションの難しさを感じやすいと考えられています。

情報の同時処理は難しい

じつは、自閉症スペクトラム障害（Autism Spectrum Disorder, ＡＳＤ）という発達障害のある人は、まさにそのような「ものの見方」をする傾向が強い、と数々の研究で指摘されています。

ＡＳＤは、コミュニケーションの苦手さや特定の事柄への偏った関心などを主な特徴とする発達障害です(1)。近年はテレビや雑誌でこの障害が紹介され、ＡＳＤの人が感じる対人関係の困難について解説されることも増えました。しかし、「なぜコミュニケーションが苦手になりがちか」についてメディアで報じられる機会は、まだまだ少ないように思います。

その「なぜ」に答える一つの仮説として、ＡＳＤの人がまさに「情報の同時処理」を苦手としているから、というものがあります。専門的には「実行機能の障害」と呼ばれるものです[2][3]。実行機能とは、「何らかの目標を成し遂げるために、意識しておくべき複数の情報に注意を向け続けて、計画的に行動する力」のことです。ＡＳＤの人は、そのような注意の向け方が苦手であると考えられています。

　コミュニケーションの主な「目標」は、これまで述べてきた通り「相手の期待にこたえること」ですが、その目標達成のためにも「複数の情報に注意を向けながら計画的に行動する」という実行機能の働きが必要となります。先ほどの「会議」の例に即して言うと、「上司が自分に視線を送っている」＋「周りの社員の人数は多い」＋「会議終了までの時間は短い」という多くの情報に注意を向けることで、「自分の意見を短くまとめて話し、相手に満足してもらう」という計画を実行できるわけです。そのような注意の向け方が苦手だと、「上司が自分に視線を送っている」といった一部の情報だけに基づいた行動（たとえば「自分の意見をかなり長時間話し続ける」など）をしがちです。その「一部の情報だけにとらわれているせいで、相手の期待にこたえるための計画が立てられていない状態」が、世間一般的には「上手なコミュニケーションができていない」と見なされるわけです。

　また、人は「情報の同時処理が得意な人」と「苦手な人」に二分されるわけではありません。というのも、**ＡＳＤという発達障害は、「その障害がある人」と「ない人」にはっきり分かれるものではないからです。**誰もがＡＳＤらしさを多かれ少なかれ持っていて、

ＡＳＤの診断はあくまで「その特徴がかなり強めに見られる人」に対してなされるものです。

このため、コミュニケーションの上手くいかなさというものは、誰もがある程度は感じて当然のことではないでしょうか。情報の同時処理がものすごく苦手、というほどではなくとも、何らかの情報を見落として場違いな発言をすることなどは誰もがしでかす失敗です。たとえて言うなら、記憶力が悪くない人でも試験のときに答えを忘れたり、反射神経が悪くない人でも打ち上げられたボールを落としたりする場合があるように、コミュニケーションの失敗も「起こって当然」なのです。

「その人の性格の問題」という偏見

しかし、厄介なことに、コミュニケーションの失敗は「その人の性格の問題」と見なされる場合が多いように思います。

試験のミスは「記憶力を発揮できなかった」と見なされ、野球のエラーは「反射神経を発揮できなかった」と見なされる場合が多いかと思います。一方で、相手の期待にそぐわない発言をした、などのコミュニケーションの失敗について、「情報の同時処理能力を発揮できなかった」と見なされることは、ほとんどないのではないでしょうか？　情報の同時処理能力というスキルが活かせなかっただけなのに、コミュニケーションの失敗の原因は「その人の性格に問題があるから」と理解されがちです。それがコミュニケーションの厄介なところではないでしょうか。

第1節のまとめ

①「コミュニケーションが苦手」とは、「(言葉にされない)相手の期待にこたえるのが苦手」ということ。
②相手の期待を読み取るには、多くの情報について同時に意識する必要がある。
③コミュニケーションの成否は、情報の同時処理能力という「スキル」に左右される。

参考文献

(1) American Psychiatric Association(編)髙橋三郎・大野裕(監訳)(二〇一四)DSM-5 精神疾患の診断・統計マニュアル　医学書院
(2) 太田昌孝(二〇〇七)自閉症スペクトラムにおける実行機能　笹沼澄子(編)発達期言語コミュニケーション障害の新しい視点と介入理論　医学書院　三七-五一頁
(3) 黒田美保(二〇一八)ＡＳＤの認知の特徴　下山晴彦(監修)公認心理師のための「発達障害」講義　北大路書房　一六二-一七五頁

第2節　「言葉にしなくてもわかってくれる」とは限らない

自閉症スペクトラム障害（ＡＳＤ）の人は、「言葉でくわしく伝えられないことを察するのが苦手」とよく言われます。その苦手さは、相手の表情などから気持ちを読み取るのが難しい、といった形で表れます。

ＡＳＤの特徴がさほど強くなくとも、このような苦手さを持つ人は少なくありません。その苦手さから、学校・職場・家庭などの様々な場面で、「コミュニケーションが上手くいかない」というトラ

ブルが起こることも多いです。

しかし、「伝える側」の意識次第でトラブルが防げる場合もあります。それは、「言葉にしなくても伝わると決めつけず、大事なことは具体的に説明する」という意識です。「わざわざ言わなくてもわかってくれる、とは限らない」という意識を持つことが重要です。

たとえば、「出かけるときは身なりを整える」「目上の人には敬語で話す」といったマナーを守るのが苦手なお子さんがいたとします。その子の親御さんは、「そんなに常識的なことができないなんて……」と落ち込みがちかもしれません。

しかし、その子は「できない」のではなく、「マナーについてくわしく説明してもらえればわかる」という可能性もあるのです。

自分にとっては「言うまでもない」と思えるような事柄が、家族や同僚や後輩にとっては「言われて初めてわかること」かもしれないわけです。このため、何も言わずに「察してほしい」とばかり考えず、自分の思いを言葉にして伝えることが重要です。

【解説】大切なことは言葉にして教えてもらう

本節では、「情報の同時処理が苦手で、コミュニケーションに難しさを感じている人が、『言葉にされない期待』にこたえやすくする方法」についてまとめたいと思います。

様々な「言葉にされない期待」

人間の暮らしは「言葉にされない期待」にあふれています。たとえば学校に通っている子どもは、学校生活の中で次のような「言葉にされない期待」をされます。

①友達が特定の話題で盛り上がっていたら、急に別の話を振ってはいけない
②人の見た目（太っている・やせているなど）について口にしてはいけない
③先生が授業で話す内容に間違いがあっても、授業中にいきなり指摘してはいけない
④遊んでいるときに友達が少しズルをしても、それを責めすぎてはいけない
⑤自分の得意なことについて、友達の前で話しすぎてはいけない

このような事柄は、学校の授業で教わる内容（国語や算数の知識など）のように、教科書などに強調して書かれている場合は少ないかと思います。はっきりとは教えてくれないけれど、みんなが気分よく過ごすために、守らなければならないこと。それが「言葉にされない期待」です。日常的には「暗黙の了解」と呼ばれたりするものです。

なお、もちろん大人の社会にも様々な暗黙の了解があります。前節で挙げた、「会議で長くしゃべりすぎてはいけない」などがそうですね。

期待を察するのが苦手ならどうするとよいか

情報の同時処理が苦手だと、「相手の表情や周囲の状況などにバランスよく注意を向けて、暗黙の了解を察すること」が難しくなりがちです。では、そのような苦手さを持つ人が、「暗黙の了解をふまえたふるまい」を上手に行うためにはどうすればいいでしょうか？

その方法は簡単に言うと、**「暗黙の了解を『暗黙』にせず、言葉にして教えてもらう」**ということです。

「言葉にされないとわかりにくい。だから言葉にしましょう」――あまりにも当たり前のことのように感じられるかもしれません。しかし、**「相手にどうしてほしいかを言葉にする」という「当たり前の」工夫を少しでもすれば上手くいくのに、わりと多くの人たちがそれをやろうとしない（＝丁寧な説明をせずに「察してもらおう」とする）**、という状況は、けっして珍しくないように思います。

もちろん、情報の同時処理が得意な人からすれば、右記①～⑤のようなマナーは「言われなくても『普通は』わかる」場合が多いかと思います。たとえば「ズルも責めすぎてはいけない（右記④）」という暗黙の了解をスムーズに守れる子どもは、「ズルはいけない」という一般論だけではなく、「ズルをした友達の申し訳なさそうな表情」や「友達がズルをしたくなった事情」などにも同時に注意を向けられることが多いです。その場合はたしかに、「ズルも責めすぎてはいけない」という判断が、「普通は」可能です。

しかしその「普通は」というのは、あくまで「情報の同時処理が得意な人」の基準での「普通」に過ぎません。情報の同時処理能力のレベルは人によってまちまちであり、「言われなくても察すること」が苦手な人もいて当然なのです。

ですので、「暗黙の了解を理解する方法」を、「察する」に限る必要はないでしょう。より具体的には、次に挙げるような理解の仕方があってよいと思います。

①「指導役」を頼る

普段かかわる人たち全員から「暗黙の了解を言葉にしてもらうこと」は難しいかと思います。そこで、少人数でよいので、暗黙の了解を言葉にして教えてくれる「指導役」を頼ることが重要です。言いかえると、**「多くの人が言葉にしてくれない対人関係のマナーなどについて、丁寧に教えてくれる相手」を頼ることが大切**、ということです。

特別な指導を受けずにコミュニケーションの仕方をなんとなく身につける、ということが上手くいかなかった人たちなどのために、系統的にそれを教える「ソーシャル・スキル・トレーニング（ＳＳＴ）」という技法があります。[1][2] 一般的には、精神障害や発達障害のある人がその対象となる場合が多いです。しかし、そのような障害の診断がつくほどではなくとも、**コミュニケーションで意識しておくべき事柄を「なんとなく身につける」のではなく「はっきりと教わって学ぶ」方が向いているという人は珍しくないと思います。**ですので、ＳＳＴ「的」な指導自体は、日常生活の中でもっと行われてもよいのではないかと思います。漢字の書き方や英語の文法は「教わる」のが普通なのに、コミュニケーションの仕方だけは「なんとなく身につける」しかない、というのもおかしな話です。

指導役として頼る相手は、両親でも、担任の先生でも、臨床心理士でも、信頼できる友達や先輩でもよいかと思います。ただ、大切なのは「論理的に説明してくれる人」を頼ることです。

たとえば、前述の「相手のズルを責めすぎてはいけない」というマナーを教わる際、「相手の気持ちを考えるべきだよ」といった曖昧な感情論を言われてもピンと来ないことが多いかもしれません。「ズルを責めすぎると相手が怒って、逆に自分を責めてくることも多い。だから、ちょっとしたズルを許すことは、自分が嫌な気分にならないためにも大切なんだよ」といった説明をしてもらえる方が望ましいかと思います。ポイントは、「そ

のマナーを守ることでどのようなメリットがあるか／その理由は何か」を丁寧に伝えてもらうことです。

また、指導役から対人関係のマナーを教わるにしても、人によっては「指導役への相談の仕方がわからない」という場合もあるかもしれません。そのようなときは、まず「**相談の仕方自体について、教えてほしいと頼むこと**」が重要です。というのも、「人に物を教わるとき、どのような言い方で相談や質問をするべきか」という事柄自体が、「丁寧に教わる機会が少ない暗黙の了解」としての側面が強いからです（次節も参照）。

なお、もしこの節を読んでくださっている方々の中に、「コミュニケーションが苦手な人の指導役になりうる人（親御さん・学校の先生・上司など）」がいらっしゃいましたら、ぜひお願いしたいことがあります。それは、**対人関係のマナーを人に教える際、相手の性格を問題視しているかのような言い方をしない**、ということです（「もっと思いやりを持ちなさいよ！」などの言い方がそれです）。これまで述べてきた通り、コミュニケーションの苦手さは「情報の同時処理の苦手さ」としての側面が強く、必ずしもその人の思いやりのなさなどが原因だとは限らないのです。対人関係のマナーが守れないと人間的に優れていない、と決めつけるような言い方は避けて、**あくまで「気分よく生きるための処世術」と**

してマナーを教えることも重要かと思います。

②コミュニケーションで注意すべき点を、「パターン」として覚えていく

指導役の人などから「コミュニケーションで注意すべき点」を教わったら、その内容を意識的に「パターン」として覚えていくことが重要です。これは言いかえると、**コミュニケーションの仕方を一種の「型」のようなものとして意識するのが重要**、ということです。

どんな人も日常生活の中で、「パターン通りに課題をこなすこと」を、多少はしているかと思います。たとえば学校で数学の試験問題を解くときは、「こういう問題ではこの公式を当てはめればOK」というパターンを意識しますよね。また会社での仕事においても、「この書類を作成するときはいつも、まず○○を書いて、次に□□を書いて、最後に△△を書く」といった「定番のやり方」を意識する場面はわりと多いかと思います。つまり、「課題のこなし方をいちいちアドリブで考えるわけではなく、知識として覚えているパターンを当てはめる」という方略を誰もが駆使しているわけです。

コミュニケーションにおいても、そのような方略を活かせばよいのです。「こういう場合はたいていこのようにふるまうべし」という「型」を覚えて、実践するわけです。

具体例に即して解説します。たとえば、学校でも会社でも、「複数の人と話し合わなければならない場面」がありますよね。学校では班活動での話し合い、会社では社員同士のミーティングなどです。そのような場にはたいてい、「自分だけ長くしゃべりすぎることにならないよう、発言の際はある程度しゃべったらキリよく話を終えなければいけない」という暗黙の了解があります。そして情報の同時処理が不得意な人は、その「ある程度」がだいたいどのくらいなのかを判断するのが苦手です。その判断をするためには、「自分が話す内容」に加えて、「自分がしゃべっている時間の長さ」や「周りの人が退屈そうな表情を浮かべていないか」などに注意を向ける必要がありますので。

そのような場面での「しゃべりすぎ」などを防ぐため、次のようなパターンを前もって覚えておくことが役に立つ場合もあります。

パターン１：一度に発言する内容は一種類まで。一種類のことを言ったら黙る。
パターン２：もし自分の発言が、周りの人の発言を遮ってしまったら、すぐに謝る。

このようなパターンを覚えておくことの利点は、**注意を向けなければいけないポイントを絞れること**です。「話す内容」「時間」「周りの人の表情や仕草」などの様々な情報に同時に注意を向けなくても、たとえば右記のパターン１に注意を集中させておけば、「しゃべりすぎ」はかなり防ぎやすくなります。「様々な情報に注意しながら、しゃべる長さをそのつど調整する」という面倒な手続きをしなくても、パターン1という「型」に集中するだけで、周囲の人にストレスを与えない話し方をしやすくなるわけです。

周りの人の表情や仕草などに同時に注意を向けることは、俗な言い方だと「空気を読む」と表現されたりします。しかし、いわゆる「空気を読む」ことだけが優れたコミュニケーションではないと思います。覚えたパターンに集中し、パターンを正確に守ることで気分よくやりとりができるなら、それも立派なコミュニケーション能力ではないでしょうか。

なお、右記のパターン2のような、**「コミュニケーションの失敗（人の発言を遮ってしまうなど）が起こったときのパターン」も覚えておくことが重要**です。前節で述べた通り、そもそもコミュニケーションとは難しいものなのです。「失敗も起こりうるもの」と考えておいた方が、過剰に緊張せず、落ち着いてパターンを活用しやすくなるかと思います。

第2節のまとめ

①「言葉にすれば上手くいく」のに、わざわざ「暗黙の了解」にしておく必要はない。
②コミュニケーションの仕方は「なんとなく身につけよう」とせず「教わる」のが重要。
③コミュニケーションの仕方は一種の「型」として覚えるとよい。

参考文献

（１）瀧本優子・吉田悦規（編）（二〇一一）わかりやすい発達障がい・知的障がいのＳＳＴ実践マニュアル　中央法規出版
（２）エリザベス・Ａ・ローガソン　辻井正次・山田智子（訳）（二〇一七）友だち作りの科学――社会性に課題のある思春期・青年期のためのＳＳＴガイドブック　金剛出版

第3節　悩みを言葉にしづらい理由

仕事や勉強、人間関係の問題などで困っているときは、誰かに相談することが大切です。しかし、「自分が何に困っているのかを言葉にできない」というお悩みを抱えた方も、大勢いらっしゃるのではないかと思います。

「なんだかモヤモヤするけれど、それをどう説明すればいいのかわからない」と悩んでしまうことは、けっして珍しい話ではありません。とりわけ、自閉症スペクトラム障害（ＡＳＤ）の人には、そのような「言葉での説明」をかなり苦手とする方が多いと指摘されています。

ＡＳＤの人は、自分の経験した出来事を「言葉」ではなく「映像」として記憶する傾向が強いと言われています。このため、「ここ最近どんなことに困っているか」を説明しようとしても、説明するための言葉が頭に浮かびにくい場合も多いと考えられています。

??
「……。」

「……。」
プレゼン
飲み会
上司
仕事
残業

ＡＳＤと診断されていなくても、「頭に映像ばかりが浮かび、言葉は浮かびにくい」という傾向を持つ方は多いのではないでしょうか。そのような方は、自分の苦しみを上手く言葉にする自信が持てず、相談をためらいがちかもしれません。その場合、「相談の仕方そのものについて相談すること」が大切です。

最初は上手く説明できなくてもよいので、まず誰かに「なんだか苦しい」と伝える。そして、その苦しさについて相談するための「言い方」を教えてもらう。「最初からスムーズに相談ができなければ」と思いつめず、まずは相談の方法を練習することが重要かと思います。

【解説】「映像で考える傾向」が強い人のために

第1節から第2節にかけて、コミュニケーションについて解説してきました。本節の内容もコミュニケーションに関するものですが、中心となる話題はこれまでと少し違います。

本節で重点的に解説するのは、「自分の考えを人に伝えることの苦手さ」です。

考えが「映像」として浮かぶ

自分の考えを上手く言葉にできない。相手に上手く伝えられない。そのような苦しさを感じている人は、大勢いらっしゃるのではないかと思います。

では、上手く言葉にできない「理由」は、いったい何なのでしょうか？

もちろん、人によって、あるいは状況によってこの「理由」は違ってくると思います。たとえば「話すときに緊張しすぎるから」という場合もあれば、「言いたいことをまとめるのが苦手で、話が長くなりすぎるから」という場合もあるかもしれません。そして、一定数の人に該当する「上手く話せない理由」として、このようなものもありえます。

「自分の考えが『言葉』としてではなく、『映像』として頭に浮かびやすいから」

頭の中に「言葉」が浮かびにくく、「映像的なイメージ」が浮かびやすい。そのような傾向が強いと、「頭の中に存在している『この映像』を、相手にどう伝えればいいのかわからない」という困難を感じる場合が多いかもしれません。

具体例を通して説明します。ある高校生が、「最近、友達からバカにされているような気がする」という悩みを、担任の先生に話そうとしている場面を考えてみて下さい。もしその高校生に「頭の中に言葉が浮かびやすい」という特徴があれば、「友達からどんなことをされてきたのか」・「自分はその友達とどう接してきたのか」・「これからその友達との関係をどうしたいのか」――これらの内容がわりとスムーズに「言葉として」頭に浮かびます。そして浮かんだ言葉をそのまま先生に話せば、「自分は、何について、どんなふうに悩んでいるのか」という考えの詳細が、だいたいは伝わるわけです。

しかし、これらの内容が「映像として」頭に浮かぶばかりだと、どうでしょうか？

「友達からどんなことをされてきたのか」や「自分はその友達とどう接してきたのか」などについて説明しようとしたとき、頭の中では「それらを表現する言葉」ではなく、「その様子の映像」が強く前面に出てくるわけです。そうなると、**相手に伝えたいのは「それ」なのだ、としか言いようがないかもしれません。そして当然、人間は脳内の映像を、プロジェクターのように外側へ映し出すことができません。**

厄介なのは、このような事情によって自身の考えを話せないとき、周囲の人から「この人は別に悩んでいない」といった誤解を受ける場合もありうることです。ですので、これは筆者自身も気をつけねばと意識していることですが、学校の先生や管理職の人などの「誰かの相談を受ける立場の人」にはとくに、「**あまり話さない人＝あまり悩んでいない**

人」という先入観を持たないように留意していただければと思います。その人の思考が言葉という形になっていないだけで、その人の内側ではたくさんの思考が「画《え》」として存在している可能性もあるわけですから。

人間の頭の中は未知の世界

なお、自閉症スペクトラム障害（ASD）の人は、自分の経験してきたことを映像として記憶する傾向が強い、ということを示唆した研究もあります[1]。一般的にASDはコミュニケーションの苦手さを特徴とする発達障害だと言われますが、その苦手さの中には、「記憶している内容が言葉ではなく映像として頭に浮かぶので、報告や相談が難しい」という性質の困難もありうるわけです。

ただしこれはあくまで「傾向」の話です。「ではASDの人は映像思考タイプ、そうでない人は言語思考タイプなのだな」という単純すぎるとらえ方はしないでいただければと思います。ASDの人にも言葉での説明が非常に得意だという方はいますし、ASDと診断されてはいないけれど映像思考が強すぎて報告や相談が不得意、という方も珍しくありません。またそもそも、人は映像思考タイプと言語思考タイプにくっきり分かれるわけではなく、人間の脳内の様子は一人ひとり微妙に違っていると思われます。「思われます」とあやふやな言い方をするのは、他人の脳内に潜り込んで「こんな様子だ」と確かめることは誰にもできないからです。そして脳内とはそのように、厳密には「未知の世界」であるからこそ、「ＡＳＤなら〇〇タイプ」という安易な断定は避けなければいけないのです。

右記のような研究は、「ＡＳＤとはこうなのだ」という何らかの決めつけを促すために行われたわけではないと思います。このような研究の意義は、「『頭の中の様子』というのは、じつはかなり個人差があるらしい」という観点を、私たちに与えてくれることではないでしょうか。そしてその観点は、心理士や精神科医などの専門家に限らず、どんな人も身につけておくとよいものなのではないかと思います。

というのも、人間は誰でも他者とコミュニケーションをするからです。コミュニケーションをする上では、「相手と自分の『頭の中』はかなり違っている可能性がある」と意識しておいた方が、お互いの歩み寄りがしやすくなるかと思います。「相手があまり話さないのは映像思考の傾向が強いからかもしれない」とか、逆に「相手がとてもおしゃべりなのは言語思考の傾向が強いからかもしれない」といった想像をすることで、「では、お互いが気分よくコミュニケーションをするには、どのような工夫をすればいいか」という判断をしやすくなるかと思います。

映像思考をどう伝えるか

さてここからは、そのような「工夫」の例を挙げていきます。具体的には、「自分の考えが映像として頭に浮かびやすく、それを言葉で表現するのが苦手な人（および、その人とかかわる人）」が、その表現の困難さを改善させていく方法について解説します。

①自分の考えの話し方を、一種の「パターン」として覚えていく

これは、前節で紹介したものと同じ方法です。映像で考える傾向が強いために、「考えた内容をその場ですぐ（＝アドリブで）言葉にしていくこと」が難しい場合、無理にアドリブでやろうとせずに「話し方のパターン」を事前に覚えておくわけです。

話し方のパターンを覚えてその通りに話す、とは、「頭に浮かぶ内容の細かいところまでは無理して一気に話そうとしない」ということです。たとえば前述した「人間関係の悩みを担任の先生に相談するとき」に、次のような段取りを守ることを優先させる（＝一気に「あれもこれも話そう」とはしない）、という工夫をするわけです。

①まず先生に「相談の時間を取ってくれませんか」と伝える
②相談が始まったら、「誰との関係について悩んでいるのか」を最初に伝える
③その人が自分にしてきた行為のみ簡単に報告する（焦って詳細まで言おうとしない）
④「それに対して○○という気持ちになっているので、どうにかしたい」と伝える

なお、このようなパターンを自分一人で考えることが難しい場合、「どういうパターンで話せばいいか」について「指導役」の人から教わることも重要です。ただしこれらはあくまで、話しやすくする工夫の「基本」です。よりいっそう込み入った話がしたいときは、当然「細かいところ」の説明も必要になります。そのためには、次に挙げていく工夫なども併用していけるとよいかと思います。

②話したいことを前もって書き出す時間を取り、書いたものを相手に見せながら話す

考えが映像として頭に浮かびやすい場合、「それを言葉に置きかえていくための時間」を前もって確保しておくことも重要です。このため、自分の考えの細かい部分などを事前に文章にしておき、それを相手に見せながら話すことも、効果的な対処法になりえます。「自分の考えは、会話の最中に素早く言葉にしなければならない」というプレッシャー

によって過剰に緊張し、ますます上手く話せなくなる――そのような事態を防ぐためにも、**「『事前準備』をして会話に臨むのは何もおかしなことではない」**という価値観が、もっと世間に広まってもよいのではないかと思います。

③「周りの人」が行う工夫として：会話の中で「選択肢」を示す

これは「考えを言葉にするのが苦手な人」と話す「周りの人」が行えるとよい工夫です。コミュニケーションは二人以上で行うものですから、一人だけが工夫をするのではなく、その周りの人も工夫をするのが望ましいかと思います。たとえば誰かが、先に述べた「時間をかけて自分の考えを書き出す」などの対処法を試みても、どうしても考えが言葉にならないという場合もあるかもしれません。そこで、周りの人が「相手の考えを知るための工夫」を行うことも重要です。

その工夫として、「会話の中で『選択肢』を示す」というものがあります。具体的には、相手の考えを訊くときなどに**漠然と「どう思う？」と言うのではなく、いくつかの選択肢を挙げて「この中ならどれ？」と問いかける**、といった方法です。

たとえば、「友達との関係が上手くいっていないけれど、その友達と今後どうしていきたいのかについて、なかなか言葉にしづらい」という人がいたとします。その人の相談を受けている人が、「1：友達と距離を取りたい？／2：友達に不満を伝えたい？／3：友達にはとくに何もせず、気分を入れかえたい？」といった選択肢を示すことで、相手の考えを把握しやすくなるかもしれません。このとき相手は「考えの細かい言語化」をしなくても、**いずれかの選択肢から選ぶことで、考えのニュアンスをある程度は伝えられるから**です。

大切なのは、形はどうあれ「伝わる」ということであって、全員が全員「ものすごく流暢に話せるようになること」は目指さなくてもよいのではないかと思います。

第3節のまとめ

①考えが映像として浮かびやすく、それを言葉にしにくい、という人は珍しくない。
②考えの伝え方を事前に決めておくのも重要。無理にアドリブで言語化しなくてもよい。
③全員が全員「ものすごく流暢に話せるようになること」は目指さなくてもよい。

参考文献

（1） Hurlbert, T. R., Happé, F., & Frith, U. (1994). Sampling the form of inner experience in three adults with Asperger syndrome. *Psychological Medicine*, **24**, 385-395.

第4節　考えが「浮かびすぎる」という困難

自分の考えをわかりやすく話すためには、「余計な事柄を話しすぎないこと」が重要です。余計な事柄を話しすぎると、「要するに何が言いたいのか」が相手に伝わりにくくなるからです。

たとえば、「『宿題の量が多すぎるので少し減らしてほしい』という希望を、家庭教師の先生に言おうとしている高校生」を想像してみて下さい。その生徒が宿題の量の話だけをせず、

「この科目では○○が難しくて、あの科

目では△△が難しくて……」
と、思いつく不満をすべて言っていたら、相手は「結局何が言いたいのだろう？」と戸惑ってしまいます。ですので、頭に浮かんでいる事柄を「全部は言わないこと」も、スムーズな会話のために必要となるわけです。

しかし、「頭の中に様々な考えが人一倍たくさん浮かぶため、それらをどんどん言ってしまいがち」という特徴を持つ人は、けっして珍しくありません。

そのような「しゃべりすぎ」が起こりやすい場合、まずは「自分の特徴に気づくこと」が重要です。つまり、「自分には『考えが浮かびすぎるところ』がないか？」と振り返ることが重要なのです。

というのも、「そのような特徴があること自体に気づけていないから、そもそも『しゃべりすぎないようにしよう』と思えていない」という場合もあるからです。

そして自分の特徴は案外、自分一人では気づきにくいものです。このため、場合によっては、信頼できる人と相談しながら特徴の振り返りを行うことも効果的な対処法となります。

【解説】「しゃべりすぎを防ぐこと」も重要

前節では、「自分の考えを言葉にできない」という問題についてまとめました。本節では、「自分の考えをしゃべりすぎてしまう」という問題についてまとめます。

当然の話ですが、自分の考えを言葉にできずに黙ってしまうと、その考えは相手に上手く伝わりません。しかし逆に「しゃべりすぎる」、つまり「余計なことをたくさん言いすぎる」ときも、自分の考えは相手に上手く伝わりません。相手から「要するに何が言いたいのかがわからない」と思われてしまうからです。

「言葉が出にくいこと」と「しゃべりすぎること」は、正反対の特徴ですが、「自分の考えを人に伝えることの苦手さ」という点では共通しています。本節では後者の「しゃべりすぎ」について解説しますので、「たくさん話すことでコミュニケーションが上手くいかなくなる場合もある」ということを念頭に置いて読んでいただけるとさいわいです。

しゃべりすぎるとかえって伝わらない

さて、会話をしているとき、たいていの人は頭の中で「次に何を言うか？」を考えながらしゃべっているかと思います。たとえばとある会社員が、上司に対して「業務量を少し減らしてほしい」という交渉をする際、その会社員は左記の例のように「次に言うこと」を考えているかもしれません。左記の台詞の（　）の中が、この人の頭に浮かんでいることです。

「課長、今少しお時間をいただいてもよろしいですか？（まずは業務量の報告だ）じつは今、私一人で抱えている業務の量が～～～となっていて、（次に『不安だ』と伝えよう）納期に間に合わせられるかどうか正直かなり不安です。（ここで『申し訳ない』とも言ってておこう）私の力不足で本当に申し訳ないのですが、（よし、業務の分担を許可してもらうぞ）この○○と△△の業務については□□さんに引き継ぎをしてもよろしいでしょうか？」

では、この（　）の中が、次のようになっていたらどうでしょうか？

「課長、今少しお時間をいただいてもよろしいですか？（今、抱えている仕事は○○と△△と××と◆◆だ。とくに○○は自分以外にもできそうな人が周りにいるんだよな。なのに○○のせいでここ最近ずっと残業が続いていて体調もあまりよくないし……）今、私の方で○○などを担当しているのですが、○○にかなり時間を取られていて、体調がすぐれないんです。内容的に○○は自分にしかできないわけではなく、たとえば□□さんなどは○○に詳しいんですが、今は私が△△とか××とかをしながら○○もやっている状況で……」

こちらの台詞は、先に記載した台詞に比べると、「要するに何が言いたいのか」がわかりにくいものになっているかと思います。このように、（　）の中（＝頭の中）で様々な考えが一気に浮かんでしまい、話すべき内容をしぼれず、しゃべりすぎて要点が伝わらなくなる。コミュニケーションの失敗として、そのようなタイプのものもあるわけです。

この「考えの浮かびやすさ」の度合いは、人によって違います。「あれを話そうかな、これを話そうかな」という内容が、なかなか頭に浮かびにくい人もいれば、かなり多くの内容が一気に浮かびやすい人もいます。そして考えの浮かびやすさは、「様々なアイデアを思いつく」という優れた能力として活かされることも充分ありえます。しかし、**「人一倍たくさんの考えが頭に浮かぶ」ということは、「たくさんの考えのうち、何を話し、何を話さないか」の「仕分け」に人一倍労力がかかるということでもあるのです。**

人間の頭の中を、一つの部屋としてイメージして下さい。部屋の中に荷物（＝考え）が多くあればあるほど、どの荷物を外へ送り出すかを決める「仕分け作業」が大変になりますよね。ですので、仕分けをせず手当たり次第に荷物を外へ送り出す（＝思いつくままに話す）方が負担は少ないのですが、それをすると荷物を受け取る相手を困惑させてしまう（＝「余計な話が多い」と感じさせてしまう）わけです。

「頭の多動性」というもの

ところで、本節を読んでくださっている方々の中には、注意欠如・多動性障害（Attention Deficit/Hyperactivity Disorder, ＡＤＨＤ）という発達障害のことを知っている方も多いかと思います。ＡＤＨＤは、集中力の続きにくさ・衝動的に行動する傾向などを主な特徴とする発達障害です。[1] この発達障害の特徴には「多動性」というものも含まれています。多動性とは、ものすごく簡単に言うと「じっと落ち着いていることの苦手さ」です。

と言うと、「多動性が強い人＝いつも体をそわそわ動かしているような人」というイメージを抱くかもしれません。しかし、**動作は落ち着いていても、「頭の中」が落ち着きにくく、様々な考えがどんどん頭に浮かんでしまうというタイプの多動性**を持つ方もけっして珍しくはありません。そのような多動性によって、前述した「話すべき内容をしぼれない」という問題が生じる場合もあるわけです。

もちろん、だからといって「多くしゃべりがちな人は多動性が強い人なのだ」という決めつけはしないでいただければと思います（何でもかんでもＡＤＨＤが原因、と見なすことの問題について論じられている書籍もあります[2][3]）。多動性は、しゃべりすぎの原因となる場合もあるだけで、多動性とは別の要素（たとえば緊張のしやすさなど）もしゃべりすぎの原因となりうるためです。ただ、ここで筆者が読者の皆様にお伝えしたいのは、頭の中に表れるような**「見た目にはわかりにくい多動性」も存在する**のだ、ということです。まずその「頭の中の多動性」の存在を知っておかないと、その特徴を強く持つ人の抱える困難について想像しにくくなるかと思いますので、ここで強調した次第です。

なお、この多動性のようなＡＤＨＤの特徴は、「その特徴を持つ人」と「そうでない人」にはっきり分かれるものではありません。誰もがＡＤＨＤらしさを多かれ少なかれ持っていて、ＡＤＨＤの診断はあくまで「その特徴がかなり強めに見られる人」に対してなされるものです。つまり、「ＡＤＨＤと診断されるほどではないけれど、頭の中に様々な考えが浮かびやすい人」ももちろん大勢いらっしゃる、ということです。

しゃべりすぎを防ぐために

ではここから、考えの浮かびすぎによる「しゃべりすぎ」を防ぐ対処法を紹介します。

①まず「自分には考えすぎる／しゃべりすぎる傾向がないか」と意識しておく

これは厳密には、「対処法」ではなく「心がまえ」と言った方がいいかもしれません。つまり、「考えの浮かびやすさ」や「それによるしゃべりすぎ」の傾向が強い場合、「自分にはそのような傾向があるかもしれない」と意識しておくことが重要ということです。

もちろん、別にこれらの傾向に限らず、自分のどのような特徴についても「自覚すること」はとても大切なことです（たとえば第1節〜第3節でご紹介した「情報の同時処理の苦手さ」・「映像思考の傾向」などについても、それを自覚するからこそ「では、どうするか」という工夫をしやすくなるわけですから）。ただ、「考えの浮かびやすさ」・「それによるしゃべりすぎ」については、とりわけ意識的に「自分にはそういうところがあるかもしれない」と振り返っておくことが重要です。というのも、**頭の中で考えが浮かびすぎる傾向が強いと、「自分の特徴について集中して考え続けること」自体が難しくなりがちだから**です。「自分にはどんな特徴がある？」とか、「コミュニケーションが苦手な理由は何だろう？」といった疑問が頭をよぎっても、その疑問に集中し続けること自体が上手くいかず、気づいたら他のことを考えている――そのような事態が起こりうるからこそ、考えすぎの傾向については、かなり意識して振り返りを行えるとよいかと思います。

ただ、自分一人で漠然と「意識する」だけでは、やはり集中が続かず考えがまとまらないということもあるかもしれません。このため、**信頼できる人に相談し、「あなたにはこのような特徴があると思う」と伝えてもらいながら自己理解を深めることも重要です。**

②「しゃべりすぎてはいけない場面」はいつ・どこなのか、事前に整理しておく

考えの浮かびすぎやしゃべりすぎを、一日中ずっと抑えるのは大変ですし、そこまでは目指さなくてもよいかと思います。多くの考えが浮かぶことやたくさん話したくなること

は、日常的な言葉で言えば「元気」ということでもあるでしょうし、「元気さ自体をなくそうとすること」はまったく健康的ではありません。ですので、「しゃべりすぎてはいけない場面」と「自由にしゃべってもいい場面」の区別をしておき、前者では自分を抑える・後者では自分を出すという切り替えを行うことが重要です。

なお、**「考えが浮かびすぎる傾向」と「情報の同時処理の苦手さ」**（第１節参照）を合わせ持つ人は、「いつ・どこが『しゃべりすぎてはいけない場面』か」の整理を、とくに意識して行うことが重要かと思います。

この二つの特徴を合わせ持つということは、**「頭に浮かんだ考えに気を取られる→すぐに別の新しい考えが出てきて、今度はその考えだけに気を取られる→また新しい考えが出てきて、今度はその考えだけに……」**となりがちだということです。そして次々と浮かぶ考えだけに気を取られていると、周りの状況に注意が向かず、「今はしゃべりすぎてはいけない場面だ」と気づけなくなりがちです。たとえば「学校での授業中に手を挙げて発言する場面」は、しゃべりすぎてはいけない場面の一つですが、そのときに「周りの様子を見て、『他の生徒も発言したがっていそうだ』と気づく」といったことが難しくなったりするわけです。このため、「こういう場面ではしゃべりすぎてはいけない」ということを、（指導役に教えてもらうなどして）「事前に」把握しておくことが重要です。

③事前に「言うこと／言わないこと」を決めておく

単純な方法ですが、しゃべりすぎてはいけない場面で発言する際、事前に「何を言うか」を書き出しておくことなどが効果的です。これをすると、**「何については『言わない』か」を決める**ことになり、しゃべりすぎを防ぎやすくなります。アドリブで話すとつい「言わない」という意識を持ちにくくなる場合、このような事前準備がとくに重要となります。

第４節のまとめ

①コミュニケーションの失敗には「しゃべりすぎて要点が伝わらない」というものもある。
②「見た目にはわかりにくい多動性（頭の中で考えが浮かびすぎる）」も存在する。
③自分の「考えすぎる／しゃべりすぎる傾向」はどのくらい強いか、振り返ることが重要。

参考文献

（1）American Psychiatric Association（編）髙橋三郎・大野裕（監訳）（二〇一四）ＤＳＭ-５精神疾患の診断・統計マニュアル　医学書院
（2）宮岡等・内山登紀夫（二〇一八）大人の発達障害ってそういうことだったのか　その後　医学書院

（3） 桑原斉（二〇一八）注意欠如・多動症 下山晴彦（監修）公認心理師のための「発達障害」講義 北大路書房 一三三－一三八頁

第2章

「感情の理解」の背景にある「ものの見方・考え方」

第1節　自分の感情に気づく

「自分の感情がよくわからない」という人は、さほど珍しくないように思います。

「何かモヤモヤするけれど、この気持ちは『悲しさ』なのか？『怒り』なのか？」といったように、感情を見失うことは誰にでも起こりえます。とくに、自閉症スペクトラム障害（ＡＳＤ）の特徴を強く持つ人は、自分の感情の細かいニュアンスに気づくことが苦手な傾向にあると指摘されています。

自分の感情を見失うと、気づかないうちに強い怒りや緊張感などを抱え込んでしまいます。場合によっては、その感情があるときふいに爆発することもあるかもしれません。そうならないためには、「自分がどんなときに、何を感じているか」を意識的に振り返ることが大切です。

そして、振り返る際には、「自分の感情を書き出してみる」という工夫が効果的な場合もあります。具体的には、次のような手順で「感情の書き出し」を行います。

①書き出す感情の種類を決める（「楽しさ」「不安」「怒り」など）

②「その感情が湧いてくるような事柄」

を、思いつくままに書き出す

③各々の事柄に対して、その感情が「どの程度」湧いてくるか、100点満点で点数をつける

たとえば、「近所を散歩すること」の楽しさは10点、「歌を歌うこと」の楽しさは50点、「旅行に出かけること」の楽しさは90点といったように、感情の度合いを数値化していくわけです。

自分の感情を「意識する」だけではなく、言葉と数字に書き起こして整理する。そのような練習を通して、「自分はこういうときに少し楽しくなれるんだな」「こういうときにすごくイライラしがちだから注意しよう」と、感情の振り返りが上達していきます。

【解説】感情に注意を向けやすくする方法

本章では基本的に「感情」についての話を進めていきます。その話を進める前提として、最初に「感情」と「考え」の違いについて説明します。感情も考えも「人間の内面で生じるもの」としては似ているので、その区別ができていないと、ここから先の話がわかりにくくなるためです。

感情とは、喜び・怒り・不安などの、いわゆる「気持ち」のことです。つまり「感じること」です。一方で考えとは、「感じること」ではなく「思うこと」です。たとえば、「明日の試験で赤点を取るかもしれない」と思って「不安」を感じるとき、この「赤点を取るかも」という「頭に浮かんだ事柄」が考えで、その考えによって生じた「不安」が感情です。頭の中にあるのが考え、胸の中にあるのが感情、とイメージしてもいいかもしれません。

そして、**「他人や自分の感情をどうとらえているか」は、人によって微妙に異なります。**本章ではその違いによって生じうるトラブルや、トラブルを防ぐ方法などについてまとめます。まず本節では、「感情自体に注意が向きにくい、という特徴」について解説します。

感情に注意が向きやすいかどうか

「感情への注意の向きやすさ」は、人によって違います。誰かと話しているときに、相手の表情などを見ながら「この人、緊張してるのかな?」「ちょっと怒ってる?」といった感情の推測をかなりスムーズに行える人もいれば、そうでない人もいます。一般的に、自閉症スペクトラム障害（ＡＳＤ）の特徴を強く持つ人は、感情に注意が向きにくい傾向にあるということが、様々な文献で示唆されています。[1][2]など もちろん、これはあくまで「傾向」の話です。ＡＳＤと診断されてはいないがこの特徴を持つ、という人も珍しくありませんし、ＡＳＤと診断されている一方で感情に敏感、という人も珍しくありません。「感情に注意が向きにくい人はＡＳＤ」といったような、あまりに単純すぎる見方はしないでいただけますとさいわいです。くどいですがそのような「決めつけ」はお控え下さい。

そして重要なのは、**相手の感情に注意を向けにくい人が、必ずしも「悪意を持って」感情を無視しているとは限らない**、ということです。**生まれつきの特徴として感情に注意が向きにくい**という人はわりと大勢いらっしゃるかと思います。それに、感情に注意を向けないことは一種の能力として活かされる場合もあります。たとえば会議でものごとを決めるとき、「参加者全員の感情に配慮し、全員が不満を感じない結論を出そうとする」とキリがないわけで、そのようなときは感情に注意を向けないことが「早く会議を終わらせるスキル」として活かされます。単純に「感情に注意が向きにくい＝その人の欠点」とは言えません。

しかし社会生活においては、「他人の感情に気を配ることがかなり重要視される状況」も多いかと思います。メンバーの上下関係がはっきりしている組織で働く状況などはその典型で、そのような組織では「目上の人の機嫌を取ること」が何よりも優先されたりするわけです。その組織での会議で、目上の人の意見に対して「そうですねー」と相槌を打ったりはせずに、「その意見は○○という理由で間違っています」と主張するだけ……というふるまいをすると、「他人と協調するスキルが低い人」と評価されてしまう場合もあります。その人がけっして目上の人をバカにしているわけではなく、たんに「自分の意見を尊重してほしい」という相手の熱意に注意が向いていないから相槌を打たなかっただけかもしれないのに、場合によっては「相手に喧嘩を売っている」などと思われてしまうかもしれません。

そのようなトラブルを防ぐためには、頼れる人から「こういうことをすると周りの人は

○○という気持ちになってしまうから、それをしないように」などと、他人の感情についてはっきりと言葉で説明してもらうことが重要です。その詳細については第1章第2節にまとめておりますので、そちらをご参照下さい。第1章第2節では、「情報の同時処理の苦手さ」への対処法として「大事なことを言葉で説明してもらう方法」について述べましたが、「感情への注意の向きにくさ」に対処する上でもこの方法は重要です。「情報の同時処理の苦手さ」も「感情への注意の向きにくさ」も、「大切な情報（相手の感情もこれに含まれる）の意識しにくさ」という点では共通しています。だからこそいずれに関しても、**情報をわかりやすく強調してもらうという対策が重要になってくるわけです。**

「他人の感情」だけではなく「自分の感情」も大切に

さて、ここまでは「他人の感情への注意の向きにくさ」について解説しましたが、その問題への対処と同じくらい、**「自分の感情への注意の向きにくさ」に対処するのも重要で**す。

感情に注意が向きにくいということは、「自分の感情がどうなっているか」を振り返るのが苦手、ということでもあります。たとえば、「職場で周りの人から多くの仕事を丸投げされてしまったとき、本当は強い怒りの感情を抱いたにもかかわらず、『自分にそのような感情があること』に気づけない」――といった問題は、わりとよく起こることなのです。

そして、当然のことですが、自分の感情に気づけないと「その感情を周りの人に伝えよう」と思えません。本当は不満なのだ、だからもっと配慮してほしいのだ――そういった訴えをしようと思えず、感情を抑え込みやすくなります。ここで気をつけるべきなのは、**「感情を出さない」からといってその人が強い感情を抱えていないとは限らない**、ということです。**不満を口にしたり泣いたりしない人が、じつは自分の怒りや悲しみに気づいていないだけで、胸の内側では無自覚のうちにとても激しい感情を溜め込んでいる場合もあるのです。**

怒りや悲しみなどの感情が生じたとき、それにすぐ気づければ、感情を早めに「出す」（＝何が嫌なのかを周囲に伝えて配慮してもらったり、怒りや悲しみを発散させる娯楽に興じたりする）ことができます。しかしこの「早めに気づいて、出す」ということをしなければ、無自覚のうちにどんどん感情を溜め込んでしまいます。そして、「自分は怒っているのだ／悲しんでいるのだ」とようやく気づいたときには、すでにかなり強い感情が溜まっていて、かなり強いゆえに「感情が一気に爆発してしまう」という場合もあります。たとえば、怒りが噴出して周りの人を急に怒鳴りつける、悲しみが噴出して突然会社に行かなくなる、といったような、極端な感情の出し方をしてしまう場合があるわけです。そのように感情を一気にぶちまけると、人間関係がこじれることも多いです。このため、**自分の感情に早めに気づいてそれを出してあげることは、周りの人との関係を壊さないためにも重要**なのです。

しかし、「もっと『他人の』感情に配慮しなさい」と叱られ続けてきた一方で、「もっと『自分の』感情を意識しなさい、それを大事にしてあげなさい」とアドバイスされることはあまりなかった——という人は、けっして珍しくないように見受けられます。そのように叱責ばかりされてきた人が、「他人に不快感を与えてはいけない」と気を張り過ぎ、過剰なほどに他人への気配りをして、自分の感情をひたすら押し殺してしまう場合もあります。

なお、先ほど「ASDの特徴を強く持つ人は感情に注意が向きにくい」と述べましたが、この傾向について「ASD者は『他人への気配りをするのが苦手』なのだ」という簡略化された解釈がなされてしまう場合も珍しくないかと思います。しかし**ASDの特徴を持つ人の中には、「自分の感情を押し殺して、他人の感情を傷つけないようにものすごく気を張っている人」も多くいらっしゃいます**（もちろん、「ASDの特徴は強くないが、そのように自己犠牲的になりがち」という人も大勢いらっしゃいます）。繰り返しになりますが、その「自分の感情の押し殺し」は「溜め込んだ感情の爆発／それによる人間関係のこじれ」につながるものですので、押し殺さないための対策がとても重要なのです。それなのに「『他人の』感情に配慮できないとダメだ」というお説教だけが世間に広まると、自分の感情を犠牲にしがちな方々がますます「他人への気配りをしなければ……」と神経をすり減らしかねません。**もっと、自他の感情が「両方とも」大切にされるべきではないかと思い**ます。

（ちなみに昨今、「他人の感情などに敏感な人」を意味する「ＨＳＰ（Highly Sensitive Person）」という概念も流行っていますが、ＨＳＰは診断名ではありません。これはあくまで「そのような傾向のある人もたしかにいそうだ」という一般的な感覚などに基づいた概念であり、医学的な根拠はないのです。それなのに「人は『ＨＳＰ』と『それ以外』に分かれる」と安易に考えるのは、充分な論拠もなく「あの人は繊細、あの人は繊細じゃない」といった偏見を持つことではないかと思います。その偏見が強まると、人間一人ひとりの微妙な特徴の違いを見落としやすくなるかもしれません。このためＨＳＰ概念を絶対視しないことが重要かと思います。）

自分の感情に気づくための練習法

本節の締めくくりとして、「『自分の』感情に早めに気づくための練習法」をご紹介します。具体的には、左記の段取りで「感情の書き出し」をするという方法です。

◎感情の書き出しの手順
①書き出す感情の種類を決める（「楽しさ」「不安」「怒り」など）
②「その感情が湧いてくるような事柄」を、思いつくままに書き出す
③各々の事柄に対して、その感情が「どの程度」湧いてくるか、１００点満点で点数をつける

言わば、様々な感情ごとの「レベル表」を作っていくわけです。たとえば「楽しさが湧いてくるような事柄」を書く際、「旅行に出かける：９０点」・「歌を歌う：５０点」・「近所を散歩する：１０点」……といったように、事柄ごとの「楽しさの度合い」を数値化します。それを上から点数の高い順に並べて、「自分はどんな感情を・どんな事柄に対して・どの程度感じるのか」を目で見て確認できる形に整理します。

このとき、「ものすごく強い感情（90～100点程度の感情）」だけではなく、**「中くらい（50～60点程度）」または「弱め（20～30点程度）」の感情を呼び起こす事柄も意識して振り返ることが重要**です。弱め～中くらいの感情は、弱めだからこそ「そのような感情があると気づけない場合」も多いので、いっそう意識的に振り返って書き出すことが必要となります。ゆくゆくは普段何気なく過ごしている中でも「あ、今ちょっとだけこういう感情が出てきたなぁ」と早めに気づけるようになるため、自分の弱め～中くらい程度の感情を把握するトレーニングをしていくわけです。

なお、このワークに取り組む際は、まず「楽しさ」「喜び」「安心感」などのポジティブな感情を呼び起こす事柄から書いていく方がよいです。**「不安」「怒り」「悲しさ」などのネガティブな感情について書くのは、ポジティブな感情についての書き出しにある程度慣れてからの方がよいです。**ネガティブな感情を呼び起こす事柄を振り返るとき、人は多かれ少なかれストレスを感じがちなので、それを最初からはやろうとしないことが重要です。また、「一人で自分の感情について書き出そうとしてもなかなか難しい」と感じるときは、相談できる相手と一緒にこれらのレベル表を作成していってもよいかと思います。

第1節のまとめ

①「感情にどのくらい注意が向きやすいか」は人によって違う。
②「他人の感情」ではなく「自分の感情」に気づけない、という問題への対処も重要。
③自分の感情に早めに気づくことは、周りの人との関係を壊さないためにも重要。

参考文献

(1) Baron-Cohen, S., Ring, H., Wheelwright, S., Bullmore, E., Brammer, M., Simmons, A., & Williams, S. (1999). Social intelligence in the normal and autistic brain: An fMRI study. *European Journal of Neuroscience*, **11**, 1891–1898.

(2) 別府哲（二〇一八）情動——ユニークなスタイル：自動的処理と意識的処理　日本発達心理学会（編）藤野博・東條吉邦（責任編集）自閉スペクトラムの発達科学　新曜社　四七 - 五七頁

第2節　感情に振り回されないために

不安や憂うつなどのネガティブな感情は、人間が生きていく上で必要なものです。その感情があるからこそ、「失敗しないように慎重に行動すること」ができるからです。

たとえば接客の仕事をしていて、「レジ打ちの手際が悪く、お客さんから文句を言われた」という失敗をしたとします。そのような失敗をきっかけに、「気をつけないとまた失敗するかも……」と不安を感じること自体は、健康的なことかと思います。不安があるからこそ「失敗しないように気を引きしめる」などの対処ができるためです。

しかし、「それほど深刻に受け止める必要がない感情」について、過剰に深刻に受け止めてしまうことは問題です。

たとえばある人が感じる「不安」の中に、「遅刻することへの不安」や「誤字

順位
誤字
期限
遅刻

期限
メール誤字
?
遅刻

のあるメールを書いてしまうことへの不安」があったとします。遅刻すると仕事に支障が出ますが、メールの誤字程度では大きな支障は出ません。

にもかかわらず、誤字のような「ちょっとしたこと」にも不安を感じすぎると、日々の生活はかなりストレスフルになってしまいます。ネガティブな感情によって慎重な行動ができるようになるとはいえ、メールの一字一句をいちいち気にするほど過剰に慎重になると、余計に神経を使うことで疲れ果ててしまいます。

このため、ネガティブな感情が湧いてきたときに、「この感情は深刻に受け止めるべきものか？　受け流してもいいものか？」と、いったん冷静に振り返ることが、感情に振り回されないために重要です。

【解説】自分の感情の「度合い」に注意する

前節では「感情への注意の向きにくさ」について、とくに「自分の感情を振り返ることの苦手さ」について述べました。本節では、その内容のもう少し詳しい部分をまとめます。

前節では大まかに、「自分の感情に気づくのが苦手な人も珍しくない」という話をしましたが、本節ではより具体的に、**「自分の感情の『度合い』を正確につかめないと、どのようなトラブルが起こるか」**「そのトラブルにどう対処するか」について解説します。

強い感情・中くらいの感情・弱い感情

さて、人は誰もが生きていく中で様々な感情を味わうわけですが、胸の内に生じる感情の度合い（＝強さ）は状況によって違いますよね。たとえば「不安」という感情には「強い不安」「中くらいの不安」「弱い不安」……などがあって、どんな事柄に対してもまったく同じ強さの不安が生じるわけではありません。

例として、「小学生が夏休みの自由研究に取り組むときに感じる不安」について考えてみましょう。自由研究に取り組む子どもにとっての「強い不安」と言えば、「期限までに自由研究を提出できず、先生から怒られることへの不安」かもしれません。「中くらいの不安」には「質の低い自由研究になることへの不安」、「弱い不安」には「図や文字がきれいに書けず、それを見た同級生から笑われることへの不安」があるかもしれません。

なぜ人の感情にこのような「度合いの違い」があるかというと、感情の中には「深刻に受け止める必要がある感情」と「そうでない感情」があるからです。この例に即して言えば、「期限までに提出できないかも」という強い不安に比べると、「図や文字がきれいに書けないかも」という弱い不安は、あまり深刻に受け止める必要がないものです（提出が間に合わないことの方が、きれいな字が書けないことよりも圧倒的に「深刻」ですよね）。このため人はたいてい、胸の内に「強い感情」と「弱い感情」が生じたとき、「強い感情」の方に突き動かされて行動します。たとえば「多少は図や文字が汚くなってもいいから、早めに自由研究を完成させる」という行動をとったりするわけです。

しかし、このような「感情の度合いの違い」をつかむこと――つまり、「この感情は強め」「この感情は中くらい」「この感情は弱め」、といった識別が苦手だという方も、けっして珍しくありません。そしてそのような苦手さが顕著だと、「感情の度合いに応じて、自分が優先的にやるべき事柄を判断すること」が難しくなりがちです。

たとえば、先ほど述べた「図や文字がきれいに書けないかも」という弱い不安が出てきたとき、「でも、期限までに提出できないことの方がよっぽど不安だから、早く仕上げよう」という優先順位づけが難しくなったりするわけです。弱い不安にいちいちとらわれ、「とにかく文字をきれいにせねば」と過剰に丁寧に書き、そのせいで作業に時間がかかりすぎる。結果、「提出が間に合わない」という大きな失敗をしてしまう。そのような失敗をした子を見て、周囲の人は「提出が間に合わないことの方がよっぽど不安だったでしょうに、なぜ？」と思うかもしれません。しかし、**そもそも「そっちの方がよっぽど不安だ」と気づけていなかった（感情の度合いをつかむのが苦手だから）**、という可能性があるわけです。

なお、もちろんこれは「強い感情以外は押し殺すべき」という話ではありません。感情を「押し殺す」のではなく、感情の度合いを冷静に振り返るのが重要だという話です。

感情の度合いに気づけないと行動が極端になる

また、感情の度合いに気づけないと、生活上の様々な課題（勉強や仕事など）に臨む際に**「極端に高い目標を立てる」か「途中で投げ出す」かのどちらかになりやすい**です。

勉強でも運動でも仕事でも、種類は何でもいいのですが、何らかの課題に取り組むときに人は「目標の設定」をしますよね。たとえば試験勉強に臨む高校生は、「今度の試験では学年で二十位以内に入りたい。そのために一日最低四時間勉強するぞ」といった目標を設定したりします。しかし、**人間の感情（「気分」と言いかえてもいいです）には波がある**ので、「すごく頑張れる日」「まあまあ頑張れる日」「あまり頑張れない日」など、日によって**「頑張れる度合い」に違いが出て当然**です。勉強の例に即して言えば、「毎日確実に四時間勉強する」のはじつはけっこう難しい、ということです。たとえば「学校で嫌なことがあって『憂うつさ』が強まり、その日は勉強する気力が湧かなくなる」、「試験当日が近づいて『不安』が強まり、勉強に集中しにくくなる」といった感情の変化を完全になくすことは不可能です。このため、**目標に向かって頑張り続けるためには、じつは「そのときどきの感情の度合いに合わせて目標を微妙に変えていくこと」**も必要となります。「今日はちょっと憂うつだから、勉強は二時間で切り上げよう」とか、「そもそも学年で二十位以内を目指すのはかなりプレッシャーがあるなぁ。五十位以内に入れたらよしとしよう」といった微調整をすれば、自分の心に過剰なストレスがかからず、頑張り続けるための精神的な余裕を持てます。

　しかし、自分の感情の度合いに気づくのが苦手だと、「そのときどきの感情の度合いに合わせた目標の微調整」が難しくなります（「合わせ」ようにも、合わせるべき感情の度合いがそもそもよくわからないわけですから）。そして、**感情の度合いに気づけないと、「強まっている自分の感情を放ったらかして無理をする」か「弱めの感情を深刻にとらえすぎてヤケになる」かのどちらかに陥りやすい**です。

　この両方の問題について、それぞれ解説します。まず前者の「感情の放ったらかし」についてですが、これはつまり、「今日はちょっと憂うつだな」「学年で二十位以内を目指すのはかなりプレッシャーがあるな」などの感情をふまえず、**「とにかく目標通りに頑張らなければいけないのだ」と頑固にこだわる**ということです。感情の度合いに応じて目標を下げることができず、「『毎日絶対に』『何があっても』四時間は勉強するのだ」などの**極端に高い目標設定**をしてしまう、というわけです。

そして後者の「弱めの感情を深刻にとらえすぎること」についてですが、これはつまり、「今日はちょっと憂うつだから勉強時間を二時間に減らす」といった微調整をせず**「憂うつだ！　もう全部おしまいだ！」と感じてしまう**ということです。人によってはその感じ方のせいで、「憂うつだから、もう一切勉強しない」「試験でどれだけ下位になっても別にいいやと考える」などといった**極端な諦め方**をしてしまう場合もあります。その「憂うつさ」の度合いがあくまで「ちょっと」であること、「ちょっと」休めば回復することに気づければ、そのように「完全に投げ出すこと」をしなくて済むわけですが。

即断即決の問題点

要するに、自分の感情の度合いに気づけないと、その度合いに応じて「ほどほどに頑張る」のが難しくなりがちだということです。「レベル３０の不安や憂うつがあるならレベル３０分《ぶん》だけ休む」といった調整ができず、「不安や憂うつがレベル８０になっても無理して張り切り続ける」とか、逆に「レベル５程度の弱い不安や憂うつに対して過剰に取り乱す（場合によっては全てを放棄する）」とかいった両極端な行動をしやすくなるわけです。

なお前節で述べた通り、自閉症スペクトラム障害（ＡＳＤ）の特徴が強いと自分の感情の振り返りが難しくなりがちですが、ＡＳＤの特徴と注意欠如・多動性障害（ＡＤＨＤ）の特徴を両方持ち合わせているという方もけっして珍しくありません。そしてＡＤＨＤの特徴には「衝動性」という、先行きのことをあまり考えず衝動的に行動する傾向も含まれており[1]、**この衝動性の強さが「感情の振り返りの苦手さ」と合わさると「ほどほどに頑張ること」はいっそう難しくなりがちです**。「衝動性が強い」とは、身近な言葉で言えば「せっかち」ということですので、「ただでさえ感情を振り返るのが苦手なのに、そこに衝動性（＝せっかちさ）も加わると、**『感情を振り返った方がいいのかも？』と迷うこともなく即断即決してしまう**」という場合が多いです。結果、「無茶な目標に向かってやみくもに頑張ろうとする」または「ほんの少し嫌気がさしただけで全部投げ出す」――つまり、やはり両極端に陥りやすくなるわけです。

「実害」を意識するのが重要

「自分の感情の度合いに気づくこと」の苦手さが顕著である場合、苦手だからこそ意識的に「気づく練習」を行うことが重要となります。具体的には、前節で述べた「感情のレベルの書き出し」などが練習法として役立ちます。詳しくは前節を読んでいただければと思いますが、とくに肝心なのは「湧いてくる感情に**点数をつける**」ということです。「度合いに気づくのが苦手」ということは、自分の感情の「弱め」「やや弱め」「中くらい」「強め」「かなり強め」……といった微妙な違いに気づきにくく、感情の強さが「０」か「１００」のどちらかとして認識されやすいということです。だからこそ「この感情は本当に『０』か？　『３０』くらいはないか？」「この感情は本当に『１００』か？　せいぜい『６０』くらいでは？」と、細かく点数化していく練習が重要となります。

また、「強めの感情の放ったらかし」も「弱めの感情に振り回されること」も防ぐ対処法として、「その感情を放っておくとどんな『**実害**』があるのか？」を検討することも重要です。――という説明だけではわかりにくいと思いますので、もう少し詳しく解説します。

たとえば、前述した「宿題が期限に間に合わないことへの不安」を放っておくと、「不安だから早くやろう」と思えず、結果として「提出が間に合わず先生に怒られる・成績が下がる」といった実害が生じます。もっと言えば、地震や火事が起こったときの焦りや悲しみを放ったらかしにすると、地震や火事から身を守ろうと思えず「大怪我する・最悪の場合死に至る」といった実害が生じますよね。一方で、「宿題をきれいな字で書けないことへの不安」を放っておいて、字を丁寧に書くなどの対策を十分にしなくても、（判読できないほどの字でなければ）生じる実害はほとんどありません。何か起こるとしたら、せいぜい誰かから「字が雑だね」と言われてしまう程度のことであって、言われたところで大きく困るような事態にはなりません。

――といったように、**「自分にとっての実害は何か」を意識すると、「この感情は受け流しておいても別に困らない」とか「この感情は深刻に受け止めないと後で困ってしまうぞ」とかいったことに気づきやすくなる**わけです。この「自分にとっての実害は何か・何が起こると本当に問題なのか」を見失わないための対策として、「実害の重大さ（問題の大きさ）」を表すメーター[2]を書くという方法もあります。このメーターとは、「問題の内容」と「それぞれの問題の重大さを示す点数」を書き出したものです。「この問題の大きさは100点満点で80点。かなり重大」「この問題の大きさは20点。解決できなくても大したことはない」といったことを、「目で見て確認できる形」に整理するのが効果的なのです。

第２節のまとめ

①自分の感情の「度合い」（強い・弱い・中くらい……）に気づくのが苦手な人も多い。
②感情の度合いに気づけないと、「度合いに応じてほどほどに頑張る」のが困難になりがち。
③感情に振り回されないよう「その感情を放っておいたときの実害」を考えるのが重要。

参考文献

（１）American Psychiatric Association（編）髙橋三郎・大野裕（監訳）（二〇一四）ＤＳＭ-５　精神疾患の診断・統計マニュアル　医学書院
（２）パメラ・クルーク／ミシェル・ガルシア・ウィナー　黒田美保・稲田尚子・高岡佑壮（訳）（二〇二〇）１０代のためのソーシャルシンキング・ライフ――場に合った行動の選択とその考え方　金子書房

【コラム】 過剰なストレスが生じるパターンあれこれ

第2章第2節では「自分の感情の度合いを振り返ること」の意義について述べました。そして感情の度合いに限らず、「自分の状態全般」を振り返り、「自分のストレスがどのような仕組みで発生しているか」に気づけると、さらにストレス対策がしやすくなります。そこでこのコラムでは、「過剰なストレスが生じているときに、人間の内面では何が起こっている場合が多いのか」について簡単に解説します。

ストレスの強さは、「身の回りのものごとをどうとらえるか」に影響されます。そして「とらえ方」には個人差があります。このため、「同じ出来事に対して、Aさんはあまりストレスを感じないが、Bさんは過剰なストレスを感じる」ということは当然ありえます。

たとえば【刺激】の受け止め方には個人差があります。【刺激】とは、見えるもの・聞こえるもの・触れられるものなどの、感じられる情報全般のことですが、これらの【刺激】が人一倍よく見えたり聞こえたりしてしまう（＝敏感である）人もいます。

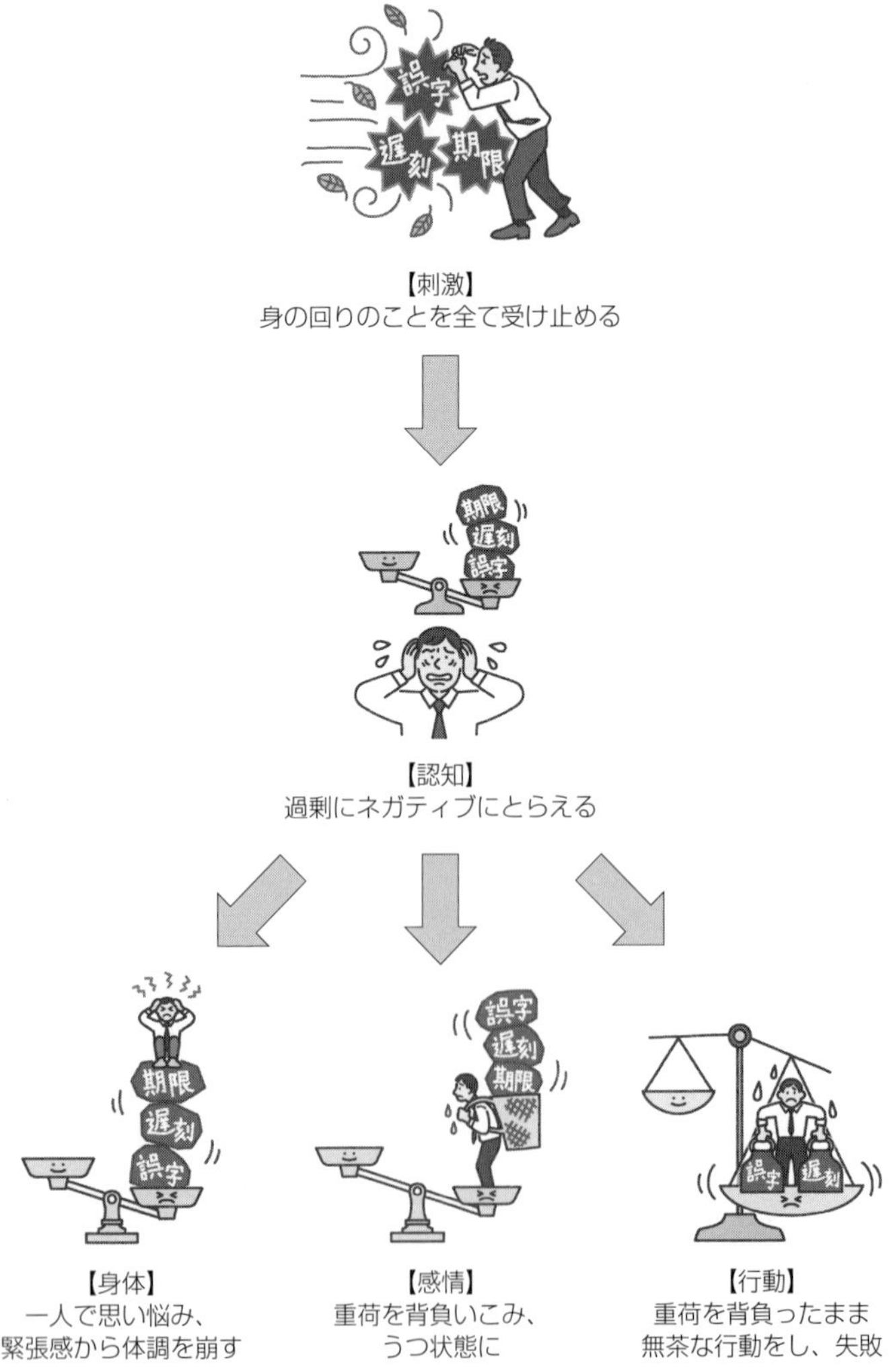
誤字
遅刻
期限
【刺激】
身の回りのことを全て受け止める
期限
遅刻
誤字
【認知】
過剰にネガティブにとらえる
期限
遅刻
誤字
誤字
遅刻
期限
誤字
遅刻
【身体】
一人で思い悩み、
緊張感から体調を崩す
【感情】
重荷を背負いこみ、
うつ状態に
【行動】
重荷を背負ったまま
無茶な行動をし、失敗

【認知】の仕方にも個人差があります。つまり、見聞きした出来事を「どう解釈するか」が人によって違います。たとえば上司から「この仕事は○日までに仕上げてね」と言われたとき、「その期限に間に合うなら急がなくてもいいんだな」と考える人もいれば、「上司は『君は仕事が遅いから急ぎなさいよ』と暗に伝えようとしている」と、過剰にネガティブに考える人もいます。

その悲観的な認知は、**【身体】**・**【感情】**・**【行動】**に悪影響を及ぼします。長時間思いつめていると身体がこわばって強い疲労感を覚えます。憂うつさや不安などのネガティブな感情も強まります。また、過剰に悲観的になっているときは、「誰にも相談せず、多くの仕事を全て自分一人で取り組む」などの無茶な行動をしがちです。

「強いストレスを感じている」というとき、その状態を具体的に整理すると、このようにとらえ方が原因で様々な不調が生じているのがわかってくる場合が多いです。そのようなストレス発生の仕組みに気づけると、対策もしやすくなります。過剰なストレスの原因となる偏った認知などを改善させる方法として「認知行動療法」[1][2][3]というものもあり、必要に応じてそれを参考にしてもよいかもしれません。

参考文献

（1） 下山晴彦・東京認知行動療法センター（二〇二一） こころのストレッチ――しなやかで折れない自分になる30のヒント 主婦の友社
（2） ポール・スタラード 松丸未来・下山晴彦（訳）（二〇二〇） 子どものための認知行動療法ワークブック――上手に考え、気分はスッキリ 金剛出版
（3） ポール・スタラード 松丸未来・下山晴彦・浅田仁子（訳）（二〇二〇） 若者のための認知行動療法ワークブック――考え上手で、いい気分 金剛出版

第3節　体調に気づく

学校でも会社でも、ストレスはつきものです。人間関係のこじれ・責任の重い仕事・子育ての難しさなどにより、強い緊張感や憂うつさなどを感じることもあるかもしれません。

そのようなネガティブな感情を軽くするために、悩み相談をしたり、気分転換に遊んだりすることが効果的な場合も多いです。しかし、そのような感情の発散と同じくらいに、「身体を休ませること」も大切です。「身体が疲れているからこそ、ネガティブな感情がますます強まってしまう」という場合もよくあるからです。

人間の身体と感情はつながっています。身体が疲れていたり体調が悪かったりすると、緊張感や憂うつさなども強まって当然です。ゆえに、身体のケアも感情のケアの一種です。

PC

PC

しかし、「本当はとても身体が疲れているのに、そのことに気づかず過ごしてしまう」ということも、けっして珍しくはありません。

とくに、自閉症スペクトラム障害（ＡＳＤ）の人の中には、「過集中」によって苦しむ人も多いです。過集中とは、仕事などの課題に集中しすぎる特性のことです。その特性が強く出すぎると、「自分の身体がどのくらい疲れているか」がわからなくなるほど集中し、あるとき一気に体調を崩してしまう場合もあります。また、集中しすぎて強い疲労感を溜め込み、そのせいでとても憂うつになったりイライラしたりする場合もあります。

このため、「休憩時間を取る」「よく寝る」「三食きちんと食べる」といった形で身体をいたわることも、意識的に行うことが重要です。ついつい休まず頑張りすぎる人にとっては、「『〇時になったら必ず寝る』などのルールを前もって決めておく」といった工夫も効果的かもしれません。

【解説】感情をケアするためには身体のケアも必要

本章ではこれまで、主に「自分の感情に気づきにくい」という特徴とその対処法について述べてきました。胸の内にある怒りや悲しみのような様々な感情に気づかないでいると、それらの感情を適度に発散・解消させることができません。このため、自らの感情の振返りはとても重要です。そして、**ネガティブな感情を溜め込まないためには、「感情そのもの」だけではなく、「自分の身体の状態」を振り返ることもかなり重要です。**

本節では「感情そのもの」ではなく、「身体の状態を振り返ること」についてまとめます。ただ、それは本章のテーマである「感情」と無関係の話ではありません。**身体の不調は感情の不調の原因となる**ため、「身体の状態に気づいてケアすること」は感情のケアの一種とも言えるからです。

身体と感情はつながっている

筆者は普段、臨床心理士として、様々な人のお悩み相談を受けています。その中で「とても落ち込んでいる」「とても不安だ」といったネガティブな感情に悩まされている方にもよくお会いするのですが、そのような方々の話を詳しく聞いていくと、**「感情」以前に「身体」のケアがあまりできていないことがわかってくる場合も多いです**。たとえば、一日のうちに仕事や余暇活動の予定をぎっしり詰め込んでいる人や、連日夜ふかししてゲームで遊んでいる人、朝食を食べない生活をずっと続けている人などから「憂うつだ」というお話を伺う機会はよくあります。その場合、筆者はまず「身体に負担をかけすぎない過ごし方」を検討していくことが多いです。一般的に、身体が疲れているときや栄養状態が悪いときは、感情もネガティブになりがちだからです。充分に眠れなかったり、かなりお腹が空いていたりするときに、「それでも気分はすごくよい」と感じることはあまりないですよね。

さらに言えば、「身体が疲れるから感情がネガティブになる」という因果関係だけではなく、「感情がネガティブになるから身体が疲れる」という因果関係も成り立ちます。つまり、憂うつ・不安・怒りなどの感情が強まるせいで「寝つきが悪くなる」「食欲がなくなる」などの不調が生じ、いっそう身体がだるくなる場合もあるわけです。そして、だるくなるせいでさらに憂うつ・不安・怒りなどが強まり――という悪循環に陥ると、感情と身体の両方の状態がどんどん悪化します。これは逆に言うと、**「よく寝て」「よく食べ」「適度な運動」といった健康的な生活習慣によって身体の不調を防げば、それだけで感情が多少安定する場合もある**（少なくとも不調の悪循環には陥りにくくなる）、ということです。

体調は「目に見えない情報」

しかし、自分の体調に注意を払わず、仕事・勉強・趣味のような日々の活動だけに集中しがちだという人は、わりと大勢いらっしゃるのではないかと思います。別に「体調なんかどうだっていいのだ！」と**自暴自棄になっているわけではなく、注意の向け方の特徴によってつい「体調の放ったらかし」をしがちだという人は珍しくありません。**そしてじつは、第1章第1節で述べた「情報の同時処理が苦手」という注意の向け方の特徴が、この「体調の放ったらかし」の原因となることもあります。

情報の同時処理が苦手だということは、言いかえると「様々な事柄にバランスよく注意を向けながら、計画的にものごとを考えるのが苦手」だということです。第1章では、その「バランスよく注意を向けること」が上手なコミュニケーションのために必要だと述べましたが、「上手な体調管理」のためにもこのスキルは必要となります。**身体が疲れ果てるのを防ぐためには、仕事・勉強・趣味などの活動に取り組んでいる最中に、「目の前の活動内容」と「自分の体調」の両方に注意を向けなければならないためです。**たとえば仕事で何らかの書類を作っているとき、その書類の内容だけではなく「そろそろ目が疲れてきた」「お腹が減ってきた」といった身体の状態にもバランスよく注意を向けることで、「身体を壊さないよういったん休憩する」といった計画的な行動がスムーズにできるわけです。

そのような同時処理が苦手だと、たとえば書類のクオリティを上げることだけに集中して、何時間もぶっ通しでパソコンに向かってしまう――といったことが起こりうるわけです。人によっては、集中しすぎてまったく休憩を取らず、食事や睡眠の時間まで削ってしまい、あるとき一気に身体を壊して会社や学校を休んでしまうという場合もあります。周囲の人からすると、その「休憩しない人」が「体調を崩してもかまわないのだ」と捨て鉢になっているように見えるかもしれません。しかしその「休憩しない人」が、あくまで注意の向け方の「くせ」によって「自分の体調に注意を向けること」を上手くできておらず、そのせいで根《こん》を詰めているという可能性もあるのです。

体調管理が得意な人は、この「自分で自分の体調がわからない」という状態がとても不思議なものに感じられるかもしれませんが、**体調とはじつは「注意を向けるのが難しい情報」なのではないかと思います。というのも、体調は「目に見えない情報」だからです。**

自分の体調は、血行の調子・筋肉のだるさ・内臓の具合などの、様々な目に見えない事柄に注意を向けて「だいたいこのくらいかな？」と感覚的につかまなければいけないものです。「あなたの疲労度は○○点」といったことを誰かが教えてくれたりはしない中で、自分の体調は「なんとなく推測」しなければいけないのです。また、仕事や勉強をしているときはたいてい、「書類」とか「一緒に働く相手の姿」とか「教材」とかいった「目に見える情報」が身の回りにあります。これらの「見えるもの」の方が「見えないもの」より注意を引く場合が多いですから、情報の同時処理が苦手だと「見えるものだけ」に一点集中する（そして体調を放ったらかしにする）」ということも頻繁に起こりうるわけです。

なお第１章第１節で述べた通り、自閉症スペクトラム障害（ＡＳＤ）の人は、情報の同時処理を苦手とする傾向にあります。テレビや雑誌の発達障害特集などで「ＡＳＤの人は趣味などに過集中しがち」と指摘されているのをときどき見かけますが、この「過集中

（＝目の前の活動に没頭しすぎる）」がまさに「目の前の活動と体調の両方に注意を向けることの困難」に由来している側面もあるわけです。そしてもちろん、「ＡＳＤという診断はされていないが、情報の同時処理が得意ではなく、体調を無視した過集中状態に陥りがち」という人も珍しくありません。

体調に気づきにくい人のために

ではここから、「体調の振り返りの苦手さ」への対処法をいくつか紹介します。繰り返しますが、身体の調子がよくなると感情も安定しやすくなるので、ここから先の内容は「感情のケアの一種でもある」と見なしていただけますとさいわいです。

①「これだけやったら必ず○分は休む」といった、休み方のルールを事前に決めておく

体調を振り返るのが苦手で、休む必要があるのに長時間張り切りすぎる。それを防ぐためには、「これだけやったら必ず○分は休む」といったように、休憩の仕方を一種のルールとして事前に決めておくことが重要です。たとえば「１時間作業をしたら１０分休憩する」「夜に家で趣味をするときも２２時までには布団に入る」などのルールを設定するこ

とで、「休むタイミングを見失い、いつの間にか長時間やりすぎる」といった事態を防ぐわけです。ルールによって、仕事や勉強や趣味などからいったん強制的に離れる時間を取れば、離れることによって「今の体調はどうなっている?」と振り返る余裕も持ちやすくなります。

しかしこの対処法について、「ルールを決めても、結局そのルールを守ろうと思えない」と感じる方もいらっしゃるかと思います。ある程度は強制的にでも休むのが大切だ――と理屈ではわかっていても、「したいことはどんどんしたくなる」のが人情かもしれません。そこで続いては、そのような欲求に対する折り合いのつけ方について説明します。

②自分の生活における「やらなくてもいいこと」を割り出す

したいことはしたいから、休憩を取ろうと思えない。それなら、一度自分の「したいこと」の内容を振り返って、その中に含まれている「やらなくても困りはしないもの」を割り出す（そしてそれをやめる）ことが重要です。つまり、**自分の生活における活動量そのものを減らし、休む時間を確保しやすくすること**が重要です。

体調の振り返りが苦手な人の中には、「時間はできる限り有意義に使わなければいけない」という信念が強すぎて、仕事や趣味や人付き合いなどの予定を詰め込みすぎる人もいます。とくに、注意欠如・多動性障害（ＡＤＨＤ）の特徴の一つである「多動性」も強く、「あれもしたい、これもしたい」という様々な考えが頭に浮かびやすいと、「あまりに多くの活動をしようとする→身体がもたずにバテる」ということが、ますます起こりやすくなります（多動性が強い人の全員がそうだというわけではありませんが）。ここで重要なのは、**「時間は有意義に使うべきだ」という信念や多動性によって、「やらなくても別に困らないこと」まで頭に浮かんでしまい、「やらねば」と焦ってしまう場合もあるということです。**つまり、本当はそれをやれなくても強い不満を感じるわけではない（それどころか、無理して頑張った方が疲労のせいで強い不満を感じてしまう）事柄が、自分の「したいこと」に含まれている可能性があるわけです。

このため、体調を守るためには、自分の「したいこと」が本当に有意義なのかどうか疑ってみることも重要です。もし「やらなくてもいいこと」を自分一人では判断しづらいのであれば、信頼できる人と相談しながらそれらを割り出してもいいかもしれません。

③リラクセーション法を行う

リラクセーション法とは、身体の緊張をやわらげる技法の総称です。様々な種類の技法が含まれ、代表的なものとしては呼吸法[1]や筋弛緩法[2]などがあります。体調の振り返りが苦手だと、日々の活動に集中しすぎて「無自覚のうちに**身体がかなり強張る**」という場合も多いです。その強張りが強い疲労感の原因にもなりうるため、リラクセーション法の実施を習慣化するなどの対処が、疲れの溜め込みの防止につながります。

第3節のまとめ

①身体と感情はつながっている。身体のケアにより感情が安定する場合もある。
②体調は目に見えないので、自分の体調不良に気づかず頑張りすぎる人も珍しくない。
③休み方のルール化や、「やらなくても別に困らないこと」の割り出しが重要。

参考文献

（１）五十嵐透子（二〇一五）リラクセーション法の理論と実際　第二版　医歯薬出版
（２）特定非営利活動法人　アスペ・エルデの会発行サポートブック　リラックスのしかたをおぼえよう

第4節　助けを求めにくい理由

「不安だ」「憂うつだ」といったネガティブな感情が出てきたとき、その感情を全て自分一人で解消する必要はありません。「このつらい気持ちを何とかしたい」と誰かに話し、助けを求めることも重要です。

しかし、助けを求めることがかなり苦手だという人は少なくありません。その苦手さの原因は人それぞれですが、自閉症スペクトラム障害（ＡＳＤ）の特徴が原因となる場合もあります。

たとえばＡＳＤの特徴として、「特定のものごとにこだわりがちで、融通をきかせにくい」というものがあります。この特徴によって、「自分のことは自分で解決するべきだ」という一般論にこだわり、助けを求めることを嫌がってしまう人も珍しくありません。

他にもＡＳＤの特徴として、「他者の考えを推測することが苦手」というもの

PC

もあります。このため、「周囲の人たちが『困ったときは遠慮せず頼ってほしい』と期待していても、その期待に気づきにくく、一人で頑張ろうとしてしまう」という人も珍しくありません。

　これらの特徴が「ものすごく強い」というほどではなくても、似たような状態におちいりやすい人はわりと多いかと思います。このため、助けを求めるのが苦手な人は、

「自分は『自力でやること』にこだわりすぎていないか？」

「『助けを求めたら迷惑に思われる』と決めつけていないか？」

と自問してみてもいいかもしれません。

【解説】「弱みを見せてはいけない」という思い込みについて

　第２章のテーマは「感情」ということで、自分の感情を振り返る意義・ケアする意義などについてまとめてきました。「不安だ」「憂うつだ」といった自分の感情を押し殺すこと

は様々なトラブルの原因となります。ゆえに、感情を適度に外へ出すことが重要です。

しかし、「自分の感情に気づいたところで、その感情を出すことにどうしても抵抗感がある」という人も大勢いらっしゃるかと思います。具体的には、誰かに「つらい」と訴えること――つまり「助けを求めること」について、苦手意識のある人は多いでしょう。

本節では第２章の締めくくりとして、そのような苦手意識と対処法についてまとめます。

助けが必要な場面は、あって当然

当たり前の話ですが、生活上の様々な課題――勉強・仕事・人間関係など――を「全て自分一人の力でこなすこと」は、どんな人であっても不可能かと思います。どんな課題も、取り組んでいたら「難しい」とか「行き詰まった」と思う場面があって当然です。そのとき生じる不安や焦りなどのネガティブな感情は、「周りの人に助けを求めた方がいいぞ」というサインのようなものです。そのサインに従って、頼れる人に悩みを話したり、「手伝ってほしい」と頼んだりすることは、問題解決能力の一種と言えます。

しかし本章で述べてきた通り、自分の感情（＝サイン）に気づくのが苦手な人も多いです。さらに言えば、**自分の感情に気づいたところで、「『不安だ』『苦しい』などの気持ち**

は表に出してはならない」「自分の悩みは自力で解決するべきだ」といった思い込みによって助けを求められなくなる場合も珍しくありません。

では、「助けを求めてはいけない」と思い込んでしまう理由は何でしょうか？

もちろん細かい事情は人それぞれですし、この問いの答えは一つだけには定まりません。これから紹介するのはあくまで、助けを求められない理由の「ありがちな例の一つ」です。

「自分のことは自分で」という一般論への固執

繰り返し述べますが「助けを求めること」は大切です。たとえば仕事の量があまりにも多いときに「きついです」「手伝ってほしいです」と周りの人に訴えることで、「無理して自力で全部やろうとする→期限までに終わらせられない」というトラブルを防げる場合もあります。「きついです」と訴えることは、「周りの人に弱みを見せること」ですが、もし弱みを見せなければ期限に間に合わず、周囲にもっと迷惑をかけるかもしれません。このように、他者に助けを求めることが組織全体の利益につながることはよくあります。

しかし、その「全体」というものを意識するのが苦手で、「部分的なこと」にばかり注意が向きがちな人は大勢いらっしゃいます。その人が元来持っている「注意の向け方の傾向」として、「全体像よりも部分的なことに注意が向きやすい」、という場合がよくあるのです。その傾向によって「自分のことは自分で解決するべきだ」という一般論だけに注意が向いてしまい、苦しい状況でも助けを求められなくなるわけです。

「自分のことは自分で」。たしかにそれは、一般論としては正しいのかもしれません。しかし人間の実際の生活はかなり混沌としていて、単純な一般論が当てはまらないような場面もたくさんあります。このため、誰かに助けを求めるのが得意な人は、

「たしかに自分のことは自分でするべきかもしれない。でも今は仕事の量がいつもの倍近くあるし、納期も迫っている。一般論だけにとらわれていたら、納期に間に合わず会社に迷惑がかかるぞ。ここは先輩や同僚に『きつい』と伝えて分担してもらった方がよさそうだ」

といったように、「そのときの状況全体」や「会社という組織全体」に注意を向けることで、「今は一般論を優先させている場合ではない」という判断をするわけです。

言いかえると、「ものごとの全体像に注意を向けること」が得意であれば、一般論だけにこだわらず融通をきかせられる場合が多いということです。逆に「部分的なこと」ばかりに注意が向きやすいと、どれほど苦しい状況になっても「とにかく自分のことは自分で

するべきだ！」といった、状況全体をふまえていない考えにこだわりがちです。

なお、「身の回りの様々なものごとに注意を向けて、それらを頭の中でまとめあげる力（＝全体像をとらえる力）」のことを、専門的には「中枢性統合」と言います。そして自閉症スペクトラム障害（ＡＳＤ）の人は、この中枢性統合が弱い傾向にあると指摘されています。[1][2]つまりＡＳＤの特徴が強いと「部分的なこと」にこだわりがちで、そのこだわりが原因となって「状況全体をふまえた判断」が難しくなる場合もあるということです。

加えて、ＡＳＤの特徴である「他者の期待を正確に読み取ることの苦手さ」（詳しくは第１章第１節参照）も、助けの求めにくさの原因となりえます。この苦手さがあると、周囲の人たちが「困ったときは遠慮せず頼ってほしい」と期待していても、その期待に気づきにくくなるためです。そのせいで「助けを求めると迷惑だと思われる」と誤解し、「自分のことは自分で」という一般論にいっそう固執する場合もあります。

自力で頑張りすぎるとどうなるか

ところで、「自分のことは自分で」という一般論にとらわれがちな人の中には、かなり頑張ることによってたいていの「自分のこと」は実際に自力で解決してきた人もいらっしゃいます。それ自体はもちろん優れた努力の成果なのですが、「自力で解決してきた」ということは「人に助けを求めた経験が少ない」ということでもあります。要するに、自力での解決ばかりしていると、**人に助けを求める練習の機会を失う**のです。

　中枢性統合が弱めで、ものごとの細部にこだわる傾向が強くとも、実直に努力を重ねることで課題の自己解決ができる場合はよくあります。たとえば、「多くの知識を必死で覚えて難しい試験を乗り切る」「睡眠時間を削って山ほどの仕事を片付ける」といった、気力と時間をひたすら費やす方法によって上手くいく場合があるわけです。しかしこの頑張りが「できてしまう」と、「つらい」「苦しい」と周囲に訴えないため、**「助けを求めるときはこういう言い方をすればいいんだな」といった学びは得られなくなります。**そのような学習経験が乏しいまま年齢を重ね、あるとき「どうしても自力で解決できない課題」に直面すると、「これまで助けを求めたことがほとんどなかったから、『つらいとき、誰に・何を・どのように言えばいいのか』がわからない」と困り果てる場合もあります。

　また、自力での解決が「できてしまう」と、**「自分のことは自分で解決するべきだ」「人に助けを求めるのはみっともない」という信念がますます強まってしまう**こともあります。「つらい」「苦しい」と周りに伝えたら案外上手くいった——という実体験が乏しいと、「これまで自力で頑張ることで何でも解決できた。だからやっぱり、助けを求めず頑張るのは正しいことなのだ」と考えてしまいがちです。つまり、もともと中枢性統合の弱さによって「自力＝正しい」という一般論ばかりにとらわれがちだったのに加え、後天的な体験も合わさって「やはり、自力＝正しい」と強く思い込んでいくケースも珍しくないわけです。

では、この「助けを求めてはいけない」という過剰なこだわりを緩めるためには、どうすればいいでしょうか。ここからはそのための方法をいくつか紹介します。

①「周りの人」が行う工夫として：「助けを求めるのは恥ではない」ということを、はっきりと言葉にして教える

これは、「助けを求めてはいけないと思っている人」の「周りの人」が行えるとよい工夫です。「助けを求めていい、それは恥ではない」と、言葉にして伝えるわけです。

そのような助言を受けてこなかった人が、**「助けを求める＝みっともない」と思い込み続けてしまう**――という場合はよくあります。単純に考えれば、「自分のことを自分で解決する」のはたしかに「格好よい」からです。実際のところは、たいていの人間はいつも格好よくいられるはずがなく、ときどき泣き言を言ったり仕事を人任せにしたりしながらわりといい加減に過ごしているかと思います。しかし「いい加減さもあってよい」という

のは一種の世間知のようなもので、「いい加減」「頑張れない」「自力でできない」のは建前上は「よくないこと」です。そして、建前は学校などの教育の場でしっかり強調される一方、世間知はあまり強調されないため、強調される情報だけにとらわれた人はなかなか世間知に意識を向けられなくなるわけです。

だからこそ、「建前とは矛盾するけれど役に立つ考え方」も存在するのだと、誰かがはっきり教える必要があるのです。中枢性統合の弱さによって融通がききにくい人に対してはとくにそれが重要です。さらに言えば、別に中枢性統合が弱くなくとも、「自力で道を切り開くことこそ優れた生き方だ」という価値観に縛られてしまう可能性は誰にでもあると思いますので、筆者もここであらためて強調します。自力で解決できないことなどあって当然です。誰かに「つらい」「苦しい」「助けて」と伝えるのは、人としてきわめて自然な行動です。

②助けの求め方を「パターン」として覚えていく

こちらの対処法は、基本的には第1章第2節で紹介した、「コミュニケーションの仕方を無理にアドリブで考えようとせず、パターンとして覚えておく」という方法と同じです。つまり、「助けを求めたくなったときは、誰に・何を・どのように伝えるか」などを前もって覚えておき、そのパターン通りの伝え方をするわけです。

前述の通り、「人に助けを求めた経験が少ない」「だから助けの求め方がわからない」という困難を抱えた人は多いです。しかしそのように、助けを求める「技術」の問題でつまずいているということは、「技術」が身につけば困難が解消する場合もわりとあるということです。そして「助けの求め方」という技術を「なんとなく、アドリブで」使える人もいますが、アドリブが苦手であれば技術を「知識」として覚えておくのが効果的です。

ちなみに、「自分の気持ちを押し殺さず相手に伝える（なおかつ相手の気持ちにも配慮する）技法」として、「アサーション」というものがあります。[3] このアサーションは、「**まずこれを言い、次にこれを言い、最後にこれを言う」といったフォーマットに即して行われる技法**――まさに「伝え方のパターン」を重視する技法です。関心のある人はアサーションの本を参考にしながら、助けの求め方の練習をしてみてもよいかと思います。

第４節のまとめ

①「全体」を意識するのが苦手で、「部分的なこと」に注意が向きすぎる人は多い。
②「自分のことは自分で」という一般論に注意が向きすぎると、助けを求めにくくなる。
③「一般論や建前とは矛盾するが役に立つ考え方」も、たしかに存在する。

参考文献

（1） 黒田美保（二〇〇七） 中枢性統合理論 笹沼澄子（編） 発達期言語コミュニケーション障害の新しい視点と介入理論 医学書院 二七‐三六頁
（2） 黒田美保（二〇一八） ＡＳＤの認知の特徴 下山晴彦（監修） 公認心理師のための「発達障害」講義 北大路書房 一六二‐一七五頁
（3） 平木典子（監修） 主婦の友社（編）（二〇一二） よくわかるアサーション――自分の気持ちの伝え方 主婦の友社

第3章

「勉強の仕方」の背景にある「ものの見方・考え方」

第1節　「得意なこと」は一人ひとり違う

「身の回りの情報の受け取り方」（つまり「見え方」や「聞こえ方」）は、人によってかなり違います。この違いは、人が勉強をするときによく表れます。

たとえば、「人の話を聞いて覚えること」が得意な人もいれば、それがとても苦手だという人もいます。そして、苦手な人も学校や予備校などに行けば授業を聞かなければならず、そこで得意な人との差がはっきり表れてしまうかもしれません。

「話を聞いて正確に覚える／理解する」ことは、けっして「誰もが当たり前にできること」ではありません。それが苦手なため、授業の内容や先生の指示が頭に入りにくく、勉強につまずいてしまう人も大勢います。

しかし、「聞くのが苦手」という人が、「目で見て覚える／理解するのは得意」という場合もあります。

○○は…で、△×の
…と〜〜が○×□〜
?
□×○と…に〜
〜〜なので××…

古典B
数学
English

たとえば、授業内容の要点を図にまとめて見せてもらったり、そのような「まとめ図」がある参考書を使ったりすることで、「聞く」だけではわかりにくかったところがスムーズに理解できる場合もあります。

「人の話がなかなか聞けない」という理由で「やる気がない」と思われがちな人の中には、やる気の問題ではなく「『聞く』より『見る』方が得意」といった得手不得手の問題でつまずいている人も多いのではないでしょうか。

大事なのは、つまずいている人自身も、その人のサポートに携わる方々も、「その人の向き不向き」に注意を払うことではないかと思います。

【解説】一人ひとりの特徴に合った勉強法を考える

第3章のテーマは「勉強」です。人間一人ひとりの特徴の違いをふまえて、「それぞれの特徴に合った勉強法を実践するため、何に気をつけるとよいか」などについてまとめます。

第1章から第2章にかけて、人間の「ものの見方」（＝情報処理の仕方）が人によってかなり違っていることは、すでに繰り返し述べてきました。「複数の情報を同時に意識するのが苦手」「思考が映像として頭に浮かびやすい」「感情に注意が向きにくい」などの、情報処理の「くせ」を持つ人は大勢いらっしゃいます。加えて、「どのくせが、どの程度あるか」も一人ひとり違っています。そのような特徴の違いが「コミュニケーション」や「感情表現」などの行動の在り方に影響してくる――という話を、これまで述べてきたわけです。

そしてこの特徴の違いは、当然「勉強」という行動にも影響します。**「この人にはこういう情報処理のくせがあるから、こういう勉強の仕方が合っている／こういう勉強の仕方だと集中しにくい」といった、くせに応じた「向き不向き」が当然あります。**ゆえに勉強に際しては、ただやみくもに頑張るだけではなく、この「向き不向き」をふまえることが重要となります。

本節では、まずこの「向き不向きを念頭に置くことはきわめて重要だ」という大前提の話を詳しめに述べます。なお本章では、学校に通う子どもの話を例として挙げる場面が多いですが、本章の内容が「子どもの勉強」にしか当てはまらないというわけではありません。昨今、リカレント教育（教育を受けることと働くことを、交互に行う制度）を受けている人のような「日常的に勉強をしている大人」も多いと思いますが、**本章の内容は「大人の勉強」も含む、勉強という活動全般に関するものです。**このため「子どもの勉強に携わらない人」にも読んでいただけますとさいわいです。

聞こえ方・見え方の個人差

さて、人間の向き不向きは一人ひとり違いますが、「たとえばどんな違いがあるのか」をイメージしていただくため、読者の皆さんにまず次のような問いかけをしたいと思います。

皆さんは、**人の話を集中して聞き続けるのがどのくらい得意ですか？**

人の話を聞いているとき、その話がある程度長くなってくると、途中から内容が頭に入ってこなくなる――ということが、日常生活の中でどのくらい頻繁にありますか？

じつは、「聞く情報（＝音）に集中し、それを頭に留めていく力」は、人によってだいぶ違います。そもそも音に対してかなり注意が向きにくいという人もいれば、聞いた音を一時的に留めておく「頭の中の記憶用スペース」が小さい人もいます。そのような人が一度に長めの音を聞くと、その内容が頭に入らず困ってしまう、ということはよくあります。もっとも、音には「すぐに消える」（＝図や文字とは違い、その場に留まってくれない）という特徴があるので、基本的にはどんな人も音より目で見る情報の方に集中しやすいです。しかしこの「目で見ると集中しやすい／耳で聞くと集中しづらい」という「集中しやすさの落差」の大きさが人それぞれで、かなり落差が大きい人もいるわけです。

ちなみに自閉症スペクトラム障害（ＡＳＤ）のある人には、「耳で聞く情報より目で見る情報の方にとりわけ集中しやすい」という傾向があります。[1] ただしこれもあくまで「傾向」の話であって、「ＡＳＤの人はこれが得意」「ＡＳＤではない人はこれが得意」といったような単純な説明をすることはできません。筆者がここで強調したいのは、この「集中して聞き続ける力」にだいぶ個人差があるように、**「聞く」とか「見る」とかいった人間の基本的な情報処理の仕方にも一人ひとりの微妙な違いがあるのだ**、ということです。ＡＳＤなどの発達障害の診断は、あくまで「情報処理の仕方の独特さがかなり強めの人」になされるもので、独特さ（＝個別性）自体は全ての人間にあります。

「全員同じ勉強の仕方」で上手くいくわけがない

ではここから、個別性の話を、「勉強」というテーマに即してもう少し掘り下げます。

人間には前述のような個別性があるので、「学校や予備校などの授業を真面目に受けていたら、授業の内容は誰もが『普通に』聞けるし『普通に』理解できるはずだ」といった理屈には、かなり無理があります。**授業に参加している人たちは、皆同じように先生の話を聞いているようでいて、一人ひとりの「聞こえ方」や「見え方」、「考えの巡らせ方」は全然違うわけですから。**これはつまり、**全員が同じような勉強の仕方をしていたら、「その勉強の仕方ではついていけない」と感じる人が確実に出てきてしまう**、ということです。

例を通して説明します。たとえば、筋道立った説明がものすごく得意な、中学校の社会科の先生がいたとします。その先生の授業では歴史の流れなどがとても丁寧に解説されるので、「授業中に先生の話を聞いているだけで内容がかなり覚えられる」と評判になっています。しかしどれほどわかりやすい説明でも、「説明を聞き続けること」自体ができないと当然理解できません。そしてこの授業を受けている子どもたちの中には、まさにその「集中して説明を聞き続けること」が人一倍苦手な子もいるかもしれないのです。その子が「とにかく授業に集中しようとする」という方法を試しても、上手くいく可能性は低いです。

と言うと、「集中できないのは、その子の頑張りが足りていないからでは？」と思う人もいるかもしれません。もちろん「頑張ろう」と意識した方が、まったく意識しないよりは集中しやすくなると考えられます。しかし、「聞こえ方」「見え方」「考えの巡らせ方」など（＝情報処理のくせ）は、たとえて言えば一種の体質のようなもので、意識によって操作するにはどうしても限界があります。体質的に血圧の低い人が、食生活の工夫などである程度健康を維持できても、「血圧が低い」という体質自体はなかなか変えられないかと思います。情報処理のくせもそれと同じで、根本から大きく変えることは難しいです。

これは別に、「だから『頑張る』のは無駄なことなのだ」という話ではありません。「**変えにくい部分を無理やり変えようとすること**」によって**必要以上に苦しむのではなく、一人ひとりの持ち味を活かした方がいい**のでは、という話です。ここで言う「持ち味」とは、**その人の情報処理のくせに含まれている、**「ここは勉強に活かせそう」という部分のことです。

たとえば前述の「説明を聞くのが苦手な子」のくせが、詳しくは次のようなものだとします。

①一度に多くの音を聞いて、それを頭に留めておくことが苦手
②目で見る情報、とくに「要点だけがまとめられた図など」に、人一倍注意が向きやすい
③頭の中で様々な連想が広がりやすい

これは架空の例ですが、このような特徴を持つ子は珍しくありません。先生の話やテレビの音声などの「音」の内容が頭に入りにくく、いつもぼうっとしているように見える一方で、黒板や本に書かれた何らかの概念図や要約文（＝要点が強調された視覚的情報）には深く集中する。しかもそのとき、目にした図や文章の内容そのものだけではなく、「それに関連する他の事柄」についての連想も頭の中でどんどん膨らむ――という子です。

この子の持ち味を活かした勉強法には、たとえば**「教科書に書かれた要点だけをノートにまとめる（そして授業中は内容を理解しようとしない）」**というものがあるかもしれません。

口頭での説明（＝音）が中心となる授業は、あくまで勉強の「前振り」程度に考えて、先生の説明内容を授業中に理解することは目指しません。勉強の本番は家庭での自主学習です。そしてそのとき、使う教材は基本的に教科書のみにして、様々な参考書や資料集の活用はなるべく控えます。教科書で強調された「ここがもっとも基本的な内容だ」という

要点だけを書き取るなどして、重要なポイントを目で見て確認できるノートを作っていきます。

肝心なのは、要点以外の雑多な情報を無理して取り入れようとしないということです。この子の持ち味は、要点を見ればそれに集中して関連事項の連想もしやすくなるという特徴であり、無闇にたくさんの参考書や資料集もチェックしていると連想が広がりすぎて思考がまとまらなくなるかもしれません。人によっては、様々な資料などの多くの情報を取り入れることで理解が深まりやすくなる場合もありますが、この子の場合は「取り入れる情報を絞ること」が勉強の能率アップにつながると見受けられます。

――このように、情報処理のくせ（何に集中しやすいか、どのような思考をしがちか、など）をふまえれば、「漠然と頑張ろうとするだけ」にならない勉強法を見出しやすくなるわけです。そして**このような勉強の仕方は、くせの詳細を丁寧に振り返る必要がある分、じつは「漠然と頑張ろうとするだけ」の勉強よりもいっそう「頑張り」が必要**なのではないかと思います。

「授業を受けているとき、教科書を読んでいるとき、ノートをとっているときなどに、その人の脳内でどのような情報処理がなされているか」は、はっきりと目に見える形では表れません（「脳内」の出来事ですから）。ですので、それを学校の先生やご家族の方々が読み取ることも、本人が自分で気づくことも難しく感じられて当然かと思います。

だからこそ本人も周囲の人も、「その人の情報処理のくせ」は何なのかについて、かなり意識して考えることが重要です。本人が「自分はどんなふうにものごとを見聞きしている?」といった振り返りをすることはもちろん大切です。そして周囲の人が、本人の普段の様子（勉強の取り組み方・話の聞き方・試験での失敗の仕方など）をよく見て、それらを手がかりとして「この人にはこんなくせがあるかも?」と仮説を立てていくことも大切です。

「発達障害かどうか」ばかり気にする人の問題点

なお、保護者の方々や学校の先生方が、勉強などにつまずいている子どもとかかわる際に、とくに意識してもらいたいことがあります。それは、その子が何かにつまずいているのを見たとき、「この子はもしかして発達障害なのか? それとも違うのか?」という二元論でその子の特徴をとらえようとはしないことです。**「発達障害 or 『普通』の子」という単純すぎる二元論ではなく、「どのようなくせがどのくらいあるのか」に注意を払って下さい**（もっともこれは、「勉強につまずいた子ども」と接するときに限った話ではなく、

「何かにつまずいている人全般」と接するときの注意点として重要かと思いますが）。

昨今、テレビやネットで発達障害に関する話を目にする機会も多いかと思います。その影響によって、「上手くいっていない子」を見るとつい「発達障害？」と思ってしまう場合もあるかもしれません。しかし前述の通り、発達障害の診断は情報処理のくせが「かなり強めの人」になされるもので、くせ自体は誰にでもあるものです。それなのに周囲の大人が「この子は発達障害かどうか？」ばかりにとらわれていると、くせの具体的なニュアンスに関心が向かなくなりがちです。そして、周囲の大人が「その子ならではの特徴」に関心を向けないと、その子の自尊心はとても傷つきます。その子は、「発達障害かどうか」ばかりを気にしている大人たちに対して、強い不信感を抱きかねません。

保護者の方々や先生方は、どうか「その子自身」に目を向けてあげて下さい。発達障害に関する報道などはあくまで参考程度にして下さい。なお、情報処理のくせを詳しく調べる手段の一つに「専門の機関で知能検査を受けてもらう」というものもありますが、知能検査もあくまで「その子自身の特徴」を知るための手がかりです。「発達障害かどうかを確かめるためだけ」に――つまり、安易なレッテル貼りのために活用されるべきではありません。

第1節のまとめ

①人間の「聞こえ方」や「見え方」(情報処理の仕方)は一人ひとり微妙に違う。
②その人らしい情報処理のくせを無理に変えようとせず、くせに合った勉強法を考えるとよい。
③「発達障害かどうか」ばかりを気にして子どもと接すると、その子の自尊心を傷つける。

参考文献

(1) エリック・ショプラー 田川元康・新沢伸子・中山清司・梅永雄二・安倍陽子(訳)(二〇〇三) 自閉症への親の支援――TEACCH入門 黎明書房

第2節　簡単なことから一歩ずつ

発達障害支援においては、よく「スモールステップ」という考え方が重視されます。いきなり難しいことにチャレンジするのではなく、まず簡単な課題に取り組んで、それを達成したらもう少し難しめの課題に取り組んで……と、無理のないペースでの成長を目指す考え方です。

この考え方は、人がものごとを学んでいく場面全般において活かせるのではないでしょうか。つまり、様々な知識や技術を焦って一気に覚えようとはせず、

「簡単なことから少しずつ身につければいい」と考えてみるわけです。そう考えることでやる気が高まる、という人は多いかと思います。

そして、「このくらいのことはすぐにできて当然」とプレッシャーをかけられると落ち込んでしまう、という人も多いです。たとえば割り算が苦手な子どもが、親や先生から「三年生になったら割り算くらいできて当然だよ」と言われたら、深く傷つく場合も多いかと思います。大人でも、「社会人ならこのアプリくらい使えて当然だろう」といった言い方をされたら不快に感じます。

人によってはそのように「できて当然」と言われたとき、「じゃあ、できない自分は本当にダメなんだ」と強く思い込んでしまうこともあります。とくに、自閉症スペクトラム障害（ＡＳＤ）の傾向が強い人には、人一倍「言葉を真に受けやすい」という人も多いです。そのような思い込みに苦しむことは、けっして珍しくありません。

「できて当然のことが自分にはできない」と落ち込んでいるときに、「できるようになろう！」という意欲はなかなかわいてこないものです。「できること」を増やしていくためにこそ、「焦らずに、簡単なことから一歩ずつ」という考え方が大切です。

【解説】「漠然とした目標」を立ててはいけない

前節では「情報処理のくせをふまえた勉強の仕方」について解説しました。続く本節で解説するのは、「やる気が出やすくなる学習目標の立て方」です。「ものごとを学んでいくとき、どのように目標を立てれば、意欲が高まりやすくなるか？」について説明します。

そしてこの「やる気が出やすくなる目標の立て方」は、典型的な「学校での勉強」（テスト勉強や受験勉強）だけに関係する話ではありません。人が何かを学ぶ場面全般に関係する話です。何らかの新しい知識や技術を身につけていくときは、子どもも大人も、学生もそうでない人も、学ぶための「やる気」を保つ必要があるのですから。

このため本節の内容は、「学校での勉強」に限った話としては読まないでいただければさいわいです（具体例として「学校での勉強」の話を挙げる場面もありますが）。**本節で述べるのはそのような「勉強」に限らない、人の「学習」という行為全般に関する話です。**

「○年生なら普通は……」の圧力

さて、前節で述べた通り、人間の情報処理の仕方にはかなり個人差があります。このため、たとえば大勢の人間が同じように何らかの教育機関（学校など）に通い、同じように授業を受けても、授業内容の「身につき方」には差が生じて当然です。どの科目もスムーズに理解できる人もいれば、「数学だけはどうしても理解しにくい」と感じる人もいますし、「授業内容を聞いて覚える」という方法自体を難しく感じる人もいるかもしれません。言いかえると、大勢の人が一律に同じことを学ぼうとしたら「つまずく人」が一定数出てくるのが当然だということです。**人間がもともと持っている能力には細かい違いがあるのですから、みんなが一斉に同じレベルのことを学ぼうとすると、「大きくつまずく人」「少しつまずく人」「特定の部分だけでつまずく人」などがどうしても出てくる**わけです。このため、「周りについていけなくなったら、慌てて追いつこうとはせず、自分が理解できるレベルの内容から復習する」という対処を行うのは、何もおかしいことではないと思います。

しかし一方で、「無理をしてまで周りに合わせない」といった判断をするのは勇気が要ることでもあるかと思います。とくに小学校・中学校・高校においては、「○年生になったらこのくらいのことはできて当然」という空気――普通は、このくらいできないといけないというプレッシャー――が強い場合もあるかもしれません。加えて、学校に通う子どもの近くには、同じクラスの「成績が平均～平均以上の子たち」もいます。そのような子たちを見て「自分も追いつかなきゃ」とひどく焦ってしまう子も、珍しくはないと思います。

そして皮肉なことに、この**「普通はこのくらいできなければ」という考えにとらわれるせいで、かえって学習意欲をなくしてしまう人も多い**です。「普通はこのくらい……」と考えがちな人は、自分のレベルに応じて目標を適度に下げることが苦手です。「その人にはまだ難しい内容」を一気に学ぼうとするものの、難しいので身につかず、身につかないので**学習意欲がどんどん下がっていく、**といった状態に陥りがちです。

また、「○年生になったら普通はこのくらいできないといけないよ」といったことを、実際に誰かから言われる場合もあるかもしれませんが、このような話を**真に受けすぎる**人もわりと多いです。とくに、自閉症スペクトラム障害（ASD）の特徴の一つである「部分的なことばかりに注意が向きやすい（＝融通がききにくい）傾向」が強いと、「普通は○○であるべき」という一般論だけに注意が向きがちです（詳しくは第2章第4節参照）。そうなると、『普通は○○だ』って言うけど、別にそこまでマジメに考えなくてもいいじゃないか」と**適度に流すことが難しく、「普通は○○じゃないといけないんだ……じゃあ、○○ができていない僕は、とてもダメなんだ……」と過剰に落ち込む場合もあります。**

さらに、注意欠如・多動性障害（ADHD）の特徴によって、この「自分はできない」という意識がいっそう強まる場合もあります。具体的には、頭の中で様々な考えが浮かぶ傾向（詳しくは第1章第4節参照）によって、**学習目標を立てるときに「あれもしなきゃ、これもしなきゃ」と焦りすぎる**場合があるわけです。「まずはこの本のこの部分を覚えよう」と特定の範囲に集中し続けるのが難しく、「あれも・これも」と急いで覚えようとすると、一つひとつの内容が充分に身につかなくなります（急ぐと雑になりますので）。そうなると当然「自分はできない」と落ち込みがちです。そして、落ち込むことでますます

「このままではダメだ」と感じてしまい、「あれもしなきゃ、これもしなきゃ」とまた焦り、焦るからますます学習内容が身につかない――という悪循環に陥る人も多くいます。

このため、**落ち込みや焦りを防ぎ、学習意欲を保つには、「普通はこのくらいできて当然だ」という周囲からの圧力を弱めることが重要**かと思います。そして、ここを誤解されたくないのですが、筆者は何も「甘やかされるくらいがちょうどいい」とか「頑張っても疲れるだけだ」とかいった話をしたいわけではありません。筆者が伝えたいのは、「漠然と高い目標を立てるのではなく、一方で漠然と目標を下げまくるわけでもなく、**『このレベルなら成し遂げられそう』という具体的な目標設定をする**のが重要」ということです。

成果を味わいやすくする

具体的な目標設定というのは、もう少し詳しく説明すると、「『できた』という手ごたえを早めに得られそうな目標設定」のことです。**わりと短期間で「できた」「上手くいった」という手ごたえが感じられるプラン**を立てていくことが効果的です。

例を通して説明します。たとえば、算数で習う「分数」を使った計算がかなり苦手だという小学生がいたとします。同学年の子の大部分は、授業中に先生が出題する「分数が絡む文章題」もスムーズに解けている中、その子は分数同士の足し算や引き算の時点でつまずきがちであるとします。この場合、無理して授業の進度に合わせようと「分数が絡む文章題（＝応用問題）の練習」をいきなり始めるのは得策ではありません。まず、分数を使った単純な計算（＝基本問題）のトレーニングを家庭学習の中で行う必要があります。

ここで重要なのが、「一ヶ月後には教科書の文章題を全部解けるようにする」といったような、「達成できるのがだいぶ後になりそうな目標」だけを設定しないことです。そのような目標もあっていいのですが、「早めに達成できそうな目標」も具体的に決められるとよいです。たとえば「一日に分数を使った単純計算のワークを三ページずつ進め、それを一週間続けた時点で確認用の小テストをやってみる」といった目標がよいかもしれません。

この目標は、学習意欲の低下を防ぐため、**短期間で「成果」を確認できるように設定してあります**。「一日三ページ」という目標により、一日の終わりに「三ページ進んだ」という成果を確認できますし、一週間後には小テストによって「これくらい点数が取れた」という成果を確認できます。

そして**人間は一般的に、「成果を味わえること」のような「嬉しいこと」が起こると、その「嬉しいこと」を起こすための行動を「もっとしたい」と感じる**傾向を有しています

（この「嬉しい→もっとしたい」という心の動きは、心理学的には「強化」と呼びます(1)(2)）。人間は「嬉しいこと」を早めに味わえる活動ほど「もっとしたい」と感じやすいですし、時間をかけて取り組んでもなかなか「嬉しいこと」が起こらない活動は「もっとしたい」と感じなくなりがちです。だから学習意欲を保つためにも、「なかなか成果を味わいにくい目標設定」だけをするのは避けた方が望ましいわけです。

「なかなか成果を味わいにくい目標設定」とは、漠然とした難しい目標を設定することです。たとえば「とにかく算数の成績をよくする」「難問でも解けるようになる」などの目標がそれですね。いきなり成績を大幅にアップさせるのは難しいですし、基礎が不十分なのに難問に取り組んでも解けませんから、この目標では「嬉しさ」を感じにくいです。

一方で、「気が向いたときに自分のペースでのびのびやればいい」といったように漠然と目標を下げることも、成果を味わいにくい目標設定の一種かと思います。「自分のペースで」とか「のびのびと」とかいった曖昧な方針で何かを学ぼうとすると、「具体的に何ができれば目標を達成できたことになるのか」が、本人も周囲の人も実感できないからです。「気が向いたらなんとなく教科書を開き、なんとなく流し読みして、疲れたらやめる」といったやり方では、「これができた」という具体的な成果を味わえません。周囲の人も「ここができたね」と具体的にほめることができません。そのような「成果も感じられないし、ほめられもしないこと」を長く続けるよりは、スマートフォンを眺めたりゲームで遊んだりすることの方が「もっとしたい」と感じやすいかと思います。スマホで検索をしていたら面白い動画などがすぐに出てきますし、ゲームで遊んでいたら敵キャラを倒す爽快感などがすぐに得られます。要するに「嬉しさ」が即座に感じられるわけです。だから「成果を感じにくい学習目標」を立てると、人はスマホやゲームの誘惑に負けてしまいがちなのです。

鍛えるべきは「ちょうどいいレベルを見積もる力」

ここまでの話をまとめると、やはり「漠然とした目標を立てても意欲は出にくい」ということです。ただもちろん、「具体的な目標を立てた。けれど、実際にやってみたら『嬉しいこと』が起こらなかった」という場合もあるかと思います。たとえば先ほど述べた「分数の計算の練習」に即して言うと、「一日三ページ」を進めるのが案外きつくて達成できないという場合もあり得ます。逆に三ページでは簡単すぎて、「できた！」という手ごたえがあまりない、という場合もあり得ます。いずれにおいても「嬉しさ」は感じられないので、「もっとしたい」とは思いにくいですよね。しかしこの「思っていたよりも嬉しさが感じられなかった」という失敗体験には、**よりよい目標設定をし直す手がかり**としての意義があります。「一日三ページを進めるのは難しかった（あるいは物足りなかった）」といった実感があるからこそ、「では、どのくらいの目標であれば、無理なく達成して嬉しさを感じられるか？」が推測しやすくなるからです。ですので、そのような「**自分にとってちょうどいいレベルの目標設定**」を最初から上手くできなければと焦るのではなく、**失敗に基づいて目標を修正して、「ちょうどいいレベル」を探っていくことが重要**です。

また、このような試行錯誤を通して、「**自分にとってちょうどいいレベル（＝無理なく達成できるレベル）を正確に見積もる力**」を鍛えることも重要です。学習意欲が湧きにくい人（子どもも大人も）は、たいていこの「見積もり」が苦手で、難しすぎる目標か簡単すぎる目標を設定しがちです。そのせいで「全然達成できない」または「簡単すぎてつまらない」という「嬉しくない結果」に至り、嬉しくないからやる気が出なくなるわけです。ゆえに、「このくらいの目標なら成果が味わえそう」という加減をつかむ力が必要なのです。

なお、適度な目標設定を自力で行うのが難しい場合、まずは頼れる人に相談して「〇〇を目標にしよう」と決めてもらってもいいかもしれません。ただし右記の「見積もり力」を高めるには、目標をいつまでもずっと他人に決めてもらうのではなく、少しずつ「自分で目標設定↓失敗↓失敗に基づいて目標修正」という過程にチャレンジするのが重要です。

第2節のまとめ

①漠然と高い目標を設定するのも、漠然と目標を下げまくるのもよくない。
②成果を早めに味わえるような、具体的な目標設定が重要。
③「どのくらいの目標なら成果が味わえるか」を、正確に見積もる力を鍛えるとよい。

参考文献

（1） 平澤紀子（二〇一〇） 応用行動分析学から学ぶ 子ども観察力&支援力養成ガイド 学研プラス
（2） 奥田健次（二〇一二） メリットの法則――行動分析学・実践編 集英社

第3節　学習意欲が高まるほめ方

　ものごとを学び続けるのは楽なことではありません。その中で学習意欲を高めるには、「誰かにほめてもらうこと」や「自分で自分をほめること」がとても大切です。

「ほめる」と言うと、「親や学校の先生が、子どもに対して行うこと」といったイメージが強いかもしれません。しかし、適切にほめられれば学習意欲が高まるのは大人も同じです。むしろ、大人になってから何かを学ぶ場面──資格の勉強や仕事の研修など──でこそ、人にほめてもらったり、自分で自分をほめたりすることが重要かもしれません。大人はついつい「ほめられなくてもできて当たり前だ」と自分を追い詰めがちだからです。

　しかし、「ほめ方」によっては意欲が高まらない場合もあります。たとえば、毎日仕事をしてから夜に社労士の資格の勉強もしている人がいたとして、誰かが

その人に漠然と「すごいね」と伝えても、その人は「よし、もっと頑張ろう」とはなかなか思えないかもしれません。「すごい」とか「えらい」といったほめ言葉は、「具体的にその人は何ができているから『すごい』のか？」が曖昧だからです。

とくに、自閉症スペクトラム障害（ASD）のある人は、曖昧な表現の意味を読み取ることが苦手な傾向にあります。そのような傾向がある人にとって、「すごい」「えらい」などの大ざっぱすぎる表現はピンと来にくい、という場合も多いです。

それを防ぐには、たとえば、「毎日、仕事の後に三時間も問題集を解

いているんですね」
といったように、「事実として何ができているのか」を言葉にしてほめることが重要です。ポイントは、「すごい」「えらい」という主観的な解釈だけを伝えるのではなく、「毎日三時間、問題集を解いている」といった客観的事実を言葉にすることです。

このような工夫は、自分で自分をほめるときも役立ちます。漠然と「私はえらい」と考えるのではなく、「自分は事実として、何をどのくらいできているのか」を振り返ることが重要です。

【解説】客観的事実に基づいてほめる

前節では「学習意欲」に関する話をしました。具体的には「やる気が出やすくなる目標の立て方」について解説したのですが、本節でも学習意欲にかかわってくる話――「やる気が出やすくなる『ほめ方』は何か？」という話を、重点的に行います。

前節で述べた通り、学習意欲の高さは目標の立て方次第でだいぶ変わってきます。そして目標の立て方だけではなく、「自分の頑張りをどんなふうにほめてもらうか」によっても、人間の意欲はかなり左右されるものです。そこで本節では「ほめ方」の話をします。

なお本節の内容は、「誰かを『ほめる側』の人」（保護者の方々や学校の先生など）だけに向けたものではありません。「何らかの学習に取り組んでいる人自身」にも知っておいてもらいたいことです。何らかの知識や技術を身につけようと頑張っている人自身が、「学習意欲を高めるため、自分の頑張り具合を自分で評価する」という場合があるかと思います。本節で紹介するほめ方のポイントは、そのような場面でも活かせるものかと思います。つまり、独学という形態を取る場合が多い「大人の学習」にも応用可能なものです。

「事実として○○ができている」

最初に結論を述べますが、ほめる相手の意欲を高めるためには、「あなたは事実として、○○を実践できている」ということを言葉にするのが重要です。つまり、**「客観的事実」に言及しながらほめる**ことが重要です。――と言うだけではわかりにくいかもしれませんので、ここから具体例に即して説明します。

筆者は普段、様々な人のお悩み相談を受けていますが、子どもの教育に悩む親御さんから「うちの子は無気力すぎる。勉強も習い事も全然やらない」といった相談を受ける場合もあります。その際に親御さんが「うちの子は何も頑張れない」「ほめられるところが何もない」といった言い方をする場面は、わりとよくある印象です。

また、相談の場面でよく聞く言い回しとして、「うちの子は」だけではなく「私は何もできていない」というものもあります。将来に希望を感じられず家にこもりがちな大学生の方や、仕事で成果を出せずに焦っている社会人の方など、何らかの停滞を感じている人々がこの「何もできていない」という言葉で自分を責めている場合は多いです。

しかしこの「何も〜」という言い方をする人たちに対して、「あなたは（あなたのお子さんは）、たとえば昨日、家でどんなふうに過ごしていましたか？」と訊くと――つまり、実際のところどのような行動をしたのかを細かく訊いていくと、けっして「まったく何もできていない」わけではないと判明する場合が多いです。たとえば、たしかに「毎日何時間も難しい資格の勉強をした」というほどの頑張りはできていなくても、「三日に一回くらいは机に向かって問題集を解いた」とか「電車に乗っている時間に参考書を読んだ」とかいったように、部分的には「できたこと」があったりするのです。

　これは別に「自分を（またはお子さんを）甘く評価すればいいのだ」という話ではありません。**「○○はできた、□□はできなかった、△△は部分的にできた……」といった丁寧な振り返りをせず、「自分は（うちの子は）何もできていない」と状況を雑にとらえるのはやめた方がいい、**という話です。「何も～～」というとらえ方のよくないところは、そのとらえ方があまりにも大ざっぱで、「具体的には何が起こっているのか？」と現実を細かく振り返る意識が伴っていないところなのです。この意識がないと「できている部分」を見落としやすくなります。ほめられる部分があってもそれに気づけなくなってしまうのです。

　そしてこの「現実を細かく振り返る意識」こそが、「やる気の出るほめ方」をするために重要なものです。人を（または自分を）ほめようとするとき、たとえば「○○の問題集を何ページ解き進めたか」などに細かく注目できれば、「今日は□ページ解き進められたね」といったように客観的事実に基づいたほめ方ができます。逆に、「頑張れたか／頑張れなかったか」だけを漠然と考えるような、大ざっぱなとらえ方をすると、ほめようとしても「頑張れたね」「すごいね」といった曖昧な言い方しかできません。そしてそのほめ方は人のやる気を高めない場合が多いです。**曖昧なほめ方をされても、「自分は実際には何を『頑張れた』のか？」という客観的事実がわかりにくく、ほめ言葉に説得力を感じられないからです。**

　とくに、自閉症スペクトラム障害（ＡＳＤ）のある人は、曖昧で遠回しな言い方をされると「わかりにくい」と感じる傾向があります。「頑張れたね」「すごいね」といった言葉を受けて、「具体的には自分の〇〇を評価してもらえているのだな」と正確に理解するには、その言葉以外の様々な情報にも注意を向ける必要があります（たとえば、「ほめているときの相手の優しげな表情」「ほめられる前に自分が何をしてきたか」などにも注意を向けることで、「ああ、あのことを評価してもらえたのだな」と納得できるわけです）。そして本書で繰り返し述べてきた通り、ＡＳＤのある人は「様々な情報に同時に注意を向けること」が苦手な場合が多いので、曖昧なほめ言葉を聞くだけでは「評価してもらえた！」という実感を得にくいのです。この実感が得られないとやる気も高まりにくいです。

ここまでの話は言いかえると、**人をほめるときに「思いがこもっていればどんな言い方でも伝わるはずだ」とは考えない方がいい**、ということです。そもそも相手のＡＳＤ傾向の強さにかかわらず、「言い方はどうであれ思いは伝わる！」と考えすぎるのはたんなる油断なのではないかと思います。これは別に、人をほめるときの「思い」や「愛情」など無意味だ、という話ではなく、**思いや愛情が尊いものだからこそ「言い方の問題」でそれが伝わらないのはもったいない**ですよね、という話です。

客観的事実の判定クイズ

さて、大事なことなので繰り返しますが、やる気が出やすいほめ方とは客観的事実を伝えるほめ方です。漠然とした「すごいね」ではなく「（事実として）〇〇〇〇ができたよね」と伝え、ほめ言葉に説得力を持たせることが重要です。そして、そのほめ方をするには当然、「客観的事実として何ができたか？」を細かく振り返る意識が必要です。

しかし、**「何が客観的事実で、何がそうではないのか」を判別するのが難しいという人も珍しくありません。**そのせいで、「客観的事実を伝えながらほめたつもりだったけれど、じつは全然それを伝えられていなかった」となってしまう場合もあるかと思います。

読者の皆さんはどうでしょうか。「客観的事実」と「客観的事実ではないもの」の区別は得意ですか？　「これこそが客観的事実だ」と正確に判断する自信はありますか？

突然ですが、ここでクイズを出します。

次の①～⑤のうち、どれが「客観的事実」で、どれが「そうではないもの」でしょうか？

①～⑤のそれぞれについて、「客観的事実か否か」の判定をしてみて下さい。

①A君は国語が得意だ
②A君は国語の試験で難しい問題が出されてもあきらめずに取り組む
③A君はいつも休み時間に友達と仲よくしゃべっている
④A君は連絡帳を毎日お母さんに見せている
⑤A君は忘れ物をしないよう毎日気をつけている

判定ができましたか？

このクイズの答えは、次の通りです。

客観的事実…④のみ

簡単なクイズと感じた人もいるかもしれませんし、「なぜ④のみ？」と疑問に思った人もいるかもしれません。では、なぜ④以外は客観的事実と言えないのかについて解説します。

「観察できないこと」は客観的事実ではない

そもそも「客観的」とは、観察可能であるということです。もう少し詳しく言うと、「誰が見ても『たしかにそれが起こっている』と確認できる事柄」のことを客観的事実と呼ぶわけです。見る人によってとらえ方が変わるような事柄は、客観的事実ではありません。

先ほどのクイズに即して説明すると、④以外の事柄は、じつは観察できません。目で見て、「たしかにそれが起こっている」と確認することが、じつはできないのです。

次の強調した部分に注目して下さい。これらを観察できますか？

①国語が得意だ

②国語の試験で難しい問題が出されてもあきらめずに取り組む
③いつも休み時間に友達と仲よくしゃべっている
⑤忘れ物をしないよう毎日気をつけている

「得意」も「あきらめず」も「仲よく」も「気をつける」も、目で見て確認できる具体的な行動や状態ではありません。誰かがＡ君の様子を見て、「Ａ君は国語が得意」「あきらめていない」「友達と仲よくしている」「気をつけている」……と思う場合はあるかもしれませんが、別の人がＡ君を見て同じように思うとは限りません。たとえばＡ君の国語力を『得意』と言えるほど大したものでもないな」と評価する人もいるかもしれません。難しい試験に取り組むＡ君を見て、「内心ではあきらめているんじゃないかな」と想像する人もいるかもしれません。Ａ君が友達と会話する様子を見て「あまり仲よくなさそう」と感じる人もいるかもしれず、Ａ君が「気をつけている」かどうかについても、「じつは全然気をつけていなくて、気をつけているように見えているだけ」という可能性を否定できません。

つまり①②③⑤は、誰かの主観的な解釈の内容に過ぎないのです。一方で④は、人によって解釈が分かれるような事柄ではありません。「連絡帳をお母さんに見せる」という行動は、誰が見ても「たしかにA君はお母さんに連絡帳を見せている」と確認できます。**「何が客観的事実なのか」を正確に判断するには、「解釈」と「観察可能な事柄」の区別を意識すればよいわけです。その区別ができていないと、人を（あるいは自分自身を）ほめるときに、ほめ言葉の内容が無自覚のうちに曖昧な精神論になりがちです。**それはたとえば「君はしっかりしているよ」とか「逃げずに向き合っているよ」とかいったほめ言葉です（「しっかりしている」も「逃げずに向き合っている」も、ほめている人の解釈に過ぎず、観察はできません）。精神論が全部いけないわけではありませんが、精神論「だけ」のほめ言葉、客観的事実の説明を伴わないほめ言葉は、やはり説得力が弱いのです。

このように、「ほめ方」を上手くするには「客観的事実を判別する力」が必要なのですが、客観的事実の正確な観察に基づいて人間の意欲を高める方法として「応用行動分析」というものもあります。本節で紹介した内容は、じつは応用行動分析の基礎に当たる考え方です。この方法の詳細を知りたい人は、まるまる一冊かけてそれについて解説している[(1)(2)など]書籍を、ぜひ読んでみるとよいかと思います。

第3節のまとめ

①ほめる相手の意欲を高めるには、「客観的事実に言及しながらほめる」のが重要。
②「その人が事実として何を実践できたか」が言えていないほめ方は、説得力が弱い。
③人によって解釈が分かれる事柄（観察できない事柄）は、客観的事実ではない。

参考文献

（1）井上雅彦（監修）三田地真実・岡村章司（著）（二〇一九）保護者と先生のための応用行動分析入門ハンドブック　金剛出版
（2）シーラ・リッチマン　井上雅彦・奥田健次・テーラー幸恵（訳）（二〇一五）自閉症スペクトラムへのＡＢＡ入門——親と教師のためのガイド　東京書籍

第4節　「自由に学ぶ」のは難しい

「学びたいことを、自分のペースで自由に学ぶ」という学習の仕方に、魅力を感じる人は多いかと思います。しかし「自由に学ぶ」のは、じつはとても難しいことです。その学び方をするときは、自分のやるべきことを自力で判断しなければいけないからです。

たとえば、学校・予備校・資格スクールなどでの学習は、基本的に先生から「○○日までに課題をやるように」といった「指定」がされるものです。指定される分、不自由ではあります。しかしこの学び方なら、やるべきことを自分で判断する

のが難しくても、指定されたことにコツコツと取り組んでいれば順調に知識が身につく場合が多いです。

一方、そのような指定があまりされない自由な環境――出される課題が少ない大学、家で独学で資格の勉強をする場面など――では、自力で学習計画を立てなければいけません。計画を立てられないと、何も身につかないまま時間が過ぎてしまいます。

そして、

「これまで、何かを学ぶときは基本的に『指定をされる環境』にいた」

「このため、急に『指定をされない環境』に入ると、何をすべきかわからなくなる」

という人は、かなり多いです。

指定をされない環境では、たとえば様々な教材に注意を払って「何をどのような順番で読むか」の段取り立てなどをしないといけません。このため、「複数の情報に注意を向ける力」や「注意を向けた後で考えをまとめる力」が必要になります。いつも指定をされる環境で学んできた人にとって、これらの力を使った学びは難しく感じられて当然です。

とくに、自閉症スペクトラム障害（ASD）の特徴が強いと「複数の情報に注意を向けること」がかなり苦手、注意欠如・多動性障害（ADHD）の特徴が強いと「考えをまとめること」がかなり苦手である場合が多いです。これらの苦手さをふまえず、「自由＝善い」のイメージに釣られて後先考えずに「指定をされない環境」に入ってしまう、ということがないよう気をつけなければいけません。

【解説】自由な学習環境が苦手な人はかなり多い

第3章ではこれまで、ものごとを学ぶ上で工夫するべきポイントについてまとめてきました。そして第3章の締めくくりとなる本節では、「学習環境」の話をします。学習をスムーズに進めるには「どのような環境で学べばいいか」の判断も重要となるので、その判断の手がかりなどについて解説したいと思います。より具体的には、**「どの程度『自由』な学習環境にするか」**を判断する上で気をつけるべきことについて解説します。

学習環境の「自由度」の違い

ものごとを学ぶ環境には様々な種類のものがあります。学校・塾・予備校などの様々な教育機関もそうですし、通信教育の教材などを使って勉強をする場合は「自宅」が学習環境になるわけです。そして、学習環境ごとに「自由度」は違っています。

ここで言う自由度とは、「学ぶべきことを周りの人からどのくらい指定されるか」のことです。たとえば一般的に、小学校・中学校・高校はあまり自由とは言えない場合が多いかと思います（先生から「この宿題をしなさい」といった指示をされることが多いですよね）。しかし、大学は自由度が高い場合が多いです。たいていは、受ける授業をある程度自分で選べますし、夏休みや冬休みも長く、好きに使える時間が多くあります。さらに、「働き始めてから何か新しく学び始める」というときの学習環境は、もっと自由度が高いかもしれません。どのような分野について学ぶか、どのような教材を使うか、一日のうちいつ勉強するか、などのことを、基本的に全て自分で決められるわけですから。もちろん、自分の意志で自由なタイミングでやめても、誰からも責められません。

そして、この自由度に関して気をつけなければいけないのは、**「自由度が高い学習環境の方が、ストレスが少なく学びやすい」とは限らない**ということです。直感的には、多くの宿題を出されるような「自由度が低い環境」の方がストレスが多そうと感じられるかもしれません。しかし、自由な方が苦しいと感じる人はとても多いです。**自由な学習環境とは、「やるべきことを自分で判断する力」がかなり求められる環境でもある**からです。

「自由な環境はストレスが少ない」という誤解

昨今、「自由な環境で学べば一人ひとりの才能が伸ばせる」という考え方を持つ人が、昔よりは増えているのではないかと思います。たとえば子どもの教育に関して、「毎日学校に通い続けることは必ずしも大切なことではない」「子どもの個性を尊重しないような学校からは逃げてもいい」と訴える方々も大勢います。「窮屈なルールが少ない単位制の学校やフリースクールで学んでもいいじゃないか」「そのような環境の方が子どもの能力を伸ばせるのでは」という風潮も、少なくとも十数年前よりは確実に強まっているかと思います。

筆者も、子どもの学び方の選択肢が増えること自体は、とても望ましいことだと思います。自由な環境を選ぶことで実際に頑張りやすくなった子どもも、多くいることでしょう。ただ、**子どもたちに「宿題をしなさい」「ルールを守りなさい」といった細かい指定をしてくる学校が必ずしもストレスをもたらすものではなく、そのような指定があるからこそ子どもが安心して学べる場合もある**ので、「窮屈」な学校教育が全部間違っているとも思いません。指定をされるということは、「何をするべきかがはっきりしている」ということでもあります。つまり指定をされると、「何をすればいいのかわからない」「わからないままで、無駄に時間を過ごしている気がする」といった不安を感じにくくなるのです。

一方、自由な学習環境にはこのような不安がつきものです。たとえば大学などで、「調べたいことを自分で選び、そのことについてレポートにまとめて発表する」といった趣旨の授業に臨む際は、調べる事柄やレポートの書き方を自分で判断できなければ「ちゃんと課題をこなせている」という手ごたえを得られません。調べることが決まらない、決めてもまとめ方がわからない……そうやって「決まらない」「わからない」という不安感に苦しみ続けるくらいなら、「とにかくこのドリルを解き進めなさい」と指定された方が楽だ、と感じる人は多いです。言われた通りにドリルを解き進めさえすれば、「できた！」という手ごたえが得られるわけですから。窮屈な学習環境なら「できた感」はわりと得やすいのです。

（もちろん、課題をこなせない生徒を執拗に責めたり、生徒を服従させるために理不尽な規則を守らせたりする環境が望ましいと言いたいわけではありません。ここで言う「窮屈」とは、あくまで「何をするべきかを指導者から指定される度合いが高い」という意味です。）

「自分で考えをまとめる力」の個人差

そして、「やるべきことが指定されていないときに、自分で考えをまとめる力」には、かなり個人差があります。それが得意な人もいれば人一倍苦手な人もいて、苦手な人が「自由な学習環境」に入ると、「できた感」は相当得づらくなります。

より具体的には、たとえば「情報の同時処理の苦手さ」（第1章第1節参照）や、「頭の中に様々な考えが浮かびすぎる傾向」（第1章第4節参照）などが強いと、それらの特徴が原因となって「自力で考えをまとめること」が難しくなりがちです。

考えをまとめるには、様々な情報にバランスよく注意を向けて、判断の手がかりを探る力が必要です。さらに、考えの「広がりすぎ」を防ぐことも必要です。学習環境の話に即して言えば、自由な学習環境では「何を学ぶか（内容）」「何の教材を使うか（手段）」「いつまでにどのレベルのことを習得するか（期限）」……などの多くの情報に注意を向けなければいけません。一方で、「では、こういうふうに学ぼう」と計画を決定するためには、いつまでもあれこれと考え続けるわけにもいきません。しかし情報の同時処理が苦手だと、「特定の事柄だけに気を取られる（例：よりよい教材を探すことばかりにこだわって、勉強自体は進まない）」こともあります。頭の中に考えが浮かびすぎると、「余計な連想が広がりすぎて『結局何を学ぶのか』が決められない」こともあります。そのような苦手さのある人が、指導者から「○○を××の教材で学びなさい」などの指定をしてもらえれば、それに集中して着実に知識やスキルを身につけられる場合もあるのです。それなのに「自由な環境」にこだわりすぎて学びのチャンスを失うのは、とてももったいないことだと思います。

筆者は、「自由な学習環境はダメな環境だ」と言いたいわけではありません。**自由な環境が合っている人もそうでない人もいるので（そして後者の人も多いので）、その向き不向きを考えずになんとなく自由を求めるのは得策ではない**と言いたいのです。とくに、「発達障害のある人は個性的な人だ」「個性的な人は自由な環境で学ぶべきだ」といった単純な判断をしがちな人は、その判断があまりに安直すぎないかと振り返ってみた方がいいと思います。

自由な環境に放り出されてしまったら？

学校・塾・予備校など、何らかの学習環境を選ぶときは、「自分はどのくらい『やるべきことの指定』が必要なタイプか」を振り返るのが重要なのです。自分は情報の同時処理が苦手ではないか、余計な考えが浮かびすぎる傾向はないか……といった振り返りをせずに、「自由そう」「好きにやれそう」な環境ばかり探すことは、あまりお勧めできません。

ただ、この「どのくらい指定をしてもらうべきか」が自分でもわからない、という人はわりと多いかもしれません。そして、**これまでずっと「指定される環境」で学んできた人が、いきなり自由度の高い学習環境に放り出されて、その環境の中で初めて「自分は自由な環境が苦手なのだ」と気づいてしまう**場合も多いかと思います。

「いきなり自由な環境に放り出されること」の典型例は、**大学への進学**です。前述の通り、小学校から高校までは自由度が低く、大学は学びたいことを自由に学べる場合が多いです。人によっては、高校卒業まではずっと学校の先生や保護者の方から「あれをしなさい、これをしなさい」と細かい指定をされ続け、大学に入った途端に突然「好きにしていいよ」と自由を与えられることもあります。これまでずっと「指定されるのが当然」の環境にいたため、「指定されないとどうなるか」を体験する機会がほとんどなかった――そのような人が**大学入学まで「自分は自由な環境が苦手だ」と気づけず、気づいたときには大学の自由さに困り果ててしまう**、というケースはよくあります。前述したような発達障害特性がある人たちが、大学生活でつまずく傾向等についてまとめられた書籍もあります(1)(2)など。

また、この「一気に自由になる→そこで初めて『自由が苦手』と気づく」という問題は、もちろん大学進学以外の場面でも発生しうるものです。たとえば、子どもが公立の学校から、自由なフリースクールなどへ移るときもそうです。学生時代に塾や予備校の先生から厳しい指導を受けてきた人が、大人になって初めて独学で特定の分野を学び始めるときもそうです。自由になった直後、「一人では勉強の計画が立てられない」「何を学ぶか迷っているうちにどんどん時間が過ぎていく」といったストレスに苦しむケースは多いです。

そこで最後に、「一気に自由な環境に放り出されたときの対処法」を紹介します。

①「困ったときに相談する相手」と「相談の言い方」を決めておく

自由な学習環境とは、要するに「これをしなさい」と言ってくれる他者（たとえば小中学校の担任の先生のような人）が少ない環境のことです。ただ、そこまで明確な指定をしてくれる他者は少なくとも、誰かしらに相談して「こうしてみたら？」という助言をもらえれば、ある程度は学習の指針が定まりやすくなります。

このため自由な環境が苦手な人にとって、積極的に相談して助言をもらうという対策はとても重要です。具体的には、「誰に相談するのか」と「相談の言い方」を決めておくといいかと思います。たんに「相談しなきゃ」と考えるだけではなく、「誰に何と言って助けを求めるか」まで決めておくことで、相談という行為そのものの自由度を下げておくわけです（大学生の場合、「困ったときは学生相談所に行く」「そこで『○○○○について自分一人ではわからないので、相談したいです』と言う」と決めておくなど）。なお、それを決めること自体が難しい場合、まず「頼れる人に頼み、相談の仕方を教えてもらうこと」が重要です。

②短期間で成果が確認できる目標を立てる

第3章第2節で述べたことと同じです。たとえば「心理学に詳しくなる」などの漠然とした目標ではなく、「心理学の教材Ａの○○ページ〜△△ページの内容を三日後までに覚える」といったような、達成できたかどうかが早めに確認できる目標を立てるのが望ましいです。

このような目標を立てると、「当面やるべきこと」が定まります（「今は教材Ａ以外の本を読んでいる場合ではない」というふうに、自由度が下がります）。つまり、短期的な目標の設定には「あれもしなきゃ、これもしなきゃ」という目移りを防ぐ効果があるため、自由な環境が苦手な人にとってとくに重要な工夫なのです。

第４節のまとめ

①「やるべきことが指定されていない、自由な学習環境」が苦手な人は多い。
②「自分はどのくらい『やるべきことの指定』が必要なタイプか？」を振り返るのが重要。
③自由な環境に放り出されたら、「相談する相手」と「相談の言い方」を決めておくとよい。

参考文献

（１）佐々木正美・梅永雄二（監修）（二〇一〇）大学生の発達障害　講談社
（２）石井京子・池嶋貫二・高橋知音（二〇一七）発達障害の大学生のためのキャンパスライフQ＆A　弘文堂

第4章

「仕事の仕方」の背景にある「ものの見方・考え方」

第1節　なぜ仕事は大変なのか

社会人として日々の仕事を頑張ることは、じつはかなり大変なことかもしれません。そして、人々が仕事にストレスを感じる理由の一つに、
「多くの仕事は、学校で行う試験などと違って、正解がはっきりしないから」
というものもあるかと思います。

学校で習う内容は、基本的に「何が正解なのか」が決まっています。その正解を書けるかどうかが試験で試され、書ければ書けるほど高得点がもらえます。

しかし仕事は、「何が正解なのか」が学校の試験ほど明確には決まっていません。たとえば、何らかの製品を売り込むためのプレゼン資料を作るとき、「どのような資料を作るのが正しいか／間違っているか」の絶対的な基準はありません。このため仕事では、正解をとことん追求する力よりも、「状況に応じて落とし所を探る力」が求められます。

??点
100点

上司の意見
自分の体力
他の仕事
期限

「落とし所を探る」というのは、一つの事柄だけにこだわらず、様々な事情をふまえた判断をすることです。たとえばプレゼンの資料作りに際しては、「売り込みたい内容を詳しく書くこと」だけではなく、「上司に『これも書いて』と言われた内容を載せること」「他の仕事に支障が出ないよう短期間で仕上げること」「頑張り過ぎて体を壊さないよう、ある程度手を抜くこと」……などをバランスよく意識しなければいけません。

これはわりと難しいことです。とくに、自閉症スペクトラム障害（ＡＳＤ）のある人は一つの事柄にこだわる傾向が強く、バランスを考えることに困難を感じがちです。

プレゼンの例に即して言えば、「とにかく詳しく書くこと」だけにこだわり（＝それこそが「正解」だと思い込み）、その他の事情――上司の意見・仕事の期限・自分の体力など――を勘案できない、といった場合が多いです。その結果、周りの人から「融通がきかない」と思われてしまい、強いストレスを感じるときもあるかもしれません。

このため、「なぜか仕事が上手くいかない」と感じている人は、自分にこのような「落とし所を探ることの苦手さ」がないか振り返ってみるとよいかと思います。

【解説】正解がはっきりしないから仕事は難しい

最終章となる本章のテーマは「仕事」です。人間一人ひとりの特徴の違いは、当然「仕事の仕方」にも影響します。本章では主に、「どのような特徴が仕事の難しさの原因になりうるか」「その難しさにどのように対処するとよいか」についてまとめます。

仕事で求められる「ほどほど」

さて、一口に「仕事の難しさ」と言っても、その内容は様々です。そもそも仕事の種類自体が数多くあるわけですから、「これさえ気をつけておけばどのような仕事もスムーズにこなせる」という魔法のような対処法は存在しません。ただ、たいていの仕事には『学校の勉強』とは決定的に違う、とある性質」が存在し、これが「仕事の難しさ」の原因となる場合が多いかと思います。本節では、その性質に焦点を当てた解説を行います。

学校の勉強とは決定的に違う性質――それは、**「正解がはっきりしないこと」**です。

学校の勉強はたいていの場合、国語・数学・理科・社会・英語などの科目の内容を覚え、覚えた内容に関する試験問題を解く、というプロセスを辿ります。そして、問題が解けたかどうかは明確に点数で示されます。解けた分だけ加点され、間違えた分だけ減点されるわけで、「この答えは正解とも不正解とも言えない」という評価は原則として行われません。

しかし仕事は違います。学校の試験のような、「こうすれば絶対に正解／不正解」という厳格なルールが存在しません。もちろん、だからといって好き勝手にしていいというわけではなく、「品質のよい製品を作らなければいけない」とか「お客さんを喜ばせなければいけない」といった何らかの目標に向かって働く必要はあります。ただ、「何ができれば目標を達成したことになるのか」は、さほど厳密には決められません。何をもって「品質がよい」と言えるのか？　何をもって「お客さんを喜ばせられた」と言えるのか？　このような問いに、絶対的な答えはないかと思います。というのも、品質のよさや顧客の満足感などの「仕事のできばえ」は、たいていは複数の判定基準が絡み合って決まるものであり、「何か一つの基準さえクリアしていればＯＫ」という単純なものではないからです。

具体例を通して説明します。たとえば会社員のＡさんが、「ある商品の宣伝のため、商品説明を書き、それを会社のウェブサイトに掲載する」といった仕事を任されたとします。

この仕事の「できばえ」は、「商品説明によって、商品の魅力をどのくらい適切に伝えられたか」で決まるわけですが、この**「適切さ」を判定する基準は複数あります**。単純に考えれば、商品説明が「①より多くの人に読んでもらえる」場合は「適切だ」と言えそうです（商品の存在を知ってもらえないことには宣伝になりませんので）。しかし、とにかく目立てばよいと思って、「ネットスラングを多用した文章を書いて注目を集める」などといった方法を取るのは望ましくありません。スラングを用いた俗っぽい表現での宣伝は珍しいため、多くの人が会社のウェブサイトを見てくれるかもしれませんが、結果としてその会社は「ふざけている会社」と思われる可能性が高いです。そのように評判が下がると商品も売れにくくなります。ですので、「②会社のイメージを悪化させない」というのも適切さの判定基準と言えます。また、説明を読んでもらえても内容が伝わらなければ意味がないので、言い回しやレイアウトの工夫などによって「③セールスポイントを強調する」ことも重要です。とはいえ、工夫しようと張り切りすぎてAさんが体を壊したら商品説明を完成させられません。このため「④体調を崩さない程度に休む」ことも重要です。

さらに、Aさんがこの「商品説明を書く仕事」をしているとき、会社の他の人たちがAさんに対して「ああしてほしい、こうしてほしい」という様々な期待をしている場合も多いかと思います。たとえば直属の上司は、Aさんに対して「⑤この仕事を早めに終わらせて他の商品説明の経験を積む」ことを求めているかもしれません。また、Aさんの教育係である先輩のBさんは、商品説明の「⑥誤字をなくす」ことを重視しているかもしれません（誤字によって「指導が行き届いていない」と思われるのを、Bさんは嫌がっているかもしれません）。もう一人の教育係の先輩Cさんは「自分を頼ってほしい」と思っていて、「⑦商品説明を仕上げる前に、どのような説明の内容がよいかについてCさんに一度相談する」ことを期待しているかもしれません。これらの期待を完全に無視すると、上司や先輩たちから「信用できない人」と思われてしまい、仕事を任せてもらえなくなるかもしれません。そうなると「適切な仕事」はできません（仕事自体がなくなるわけですから）。ですので、⑤⑥⑦にもある程度は気をつけないといけません。

——といったように、一つの仕事に取り組むだけでも、じつはかなり多くの「適切さの基準」を意識する必要があるわけです（学校の試験の最中には「①一つひとつの問題に正確に答える」ことに専念するべきであり、たくさんの雑多な基準を意識する必要はありません。他に気をつけるべきなのはせいぜい、「②試験時間内に回答を終える」ことくらいです）。

そして、意識するべき基準が増えれば増えるほど、当然「全部の基準を完璧にクリアすること」は非常に難しくなります。商品説明に即して言えば、「商品のよさがとてもわかりやすく強調されていて（基準③）、一文字も誤字がなく（基準⑥）、しかもかなり短期間で仕上げられていて（基準⑤）、ものすごく多くの人が読んでくれる（基準①）」……などという完全無欠の結果を出すことはまず不可能です。そこで仕事に取り組む際は、これらの様々な基準を同時に意識しながら、**それぞれの基準を「ほどほどに」クリアすることを目指す必要があります。**たとえば「この商品の□□というセールスポイントについてもっと詳しく書きたいなぁ。でも、上司は私に他の仕事も振るつもりだろうし、この仕事だけに時間をかけすぎるわけにはいかないぞ。それに頑張りすぎて体調を崩すわけにもいかないから、今回は□□について一言二言書くくらいでいいや」といった判断が必要になるのです。**「完全無欠」はそもそも不可能なので、様々な基準のほどほどのクリアを目指し、ある程度は諦める。その加減ができていると「仕事のできばえ」がいい、ということになるわけです。**そして「加減がどのくらい上手くできたか」は、試験のように点数で示されるものではありませんから、やはり仕事は「正解がはっきりしない」のです。

「ほどほど」が苦手な人の対処法

さて、本書を最初から読んできた人は、すでにお気づきかと思います。この「様々な基準を同時に意識しながら『ほどほど』を目指す」という取り組み方は、自閉症スペクトラ

ム障害（ＡＳＤ）のある人が苦手とすることです。

本書で繰り返し述べてきた通り、ＡＳＤのある人は「様々な情報に同時に注意を向けること」が苦手な場合が多いです。このため、「仕事のできばえを決める様々な基準をバランスよく意識するのではなく、特定の基準だけに注意が向きすぎてしまう」ということも珍しくありません。引き続き商品説明の例に即して解説しますが、たとえば**「この商品の□□を強調すべき」という基準だけに固執して、徹底的に詳しく書こうと張り切りすぎ、「仕事を短期間で終わらせること」「自分の体調を維持すること」「上司や先輩の意見も取り入れること」などの「その他の様々な基準」は意識しない**――といったことも起こりうるわけです。そのような「一点集中特性」は、意識するべき基準が少ないときは役立つかもしれません。それこそ学校の試験のような、「目の前の問題に正答すること」以外をあまり気にしなくていい場面では「一点集中」が求められます。このため、ＡＳＤのある人が、「学校の勉強で大きくつまずくことはなかったけれど、就職してから上手くいかなくなった」という困難に直面する場合もあります（もちろん、ＡＳＤのある人の全員がそうなりがちだというわけではありません。当然、「ＡＳＤのある人はたいてい、勉強は得意なのだ」という話でもありません。細かい個人差は当然あるものと考えて下さい）。

つまり、**ＡＳＤの特徴が仕事の場面で強く表れると、いわゆる「落とし所を探る」こと**

に失敗しがちなのです。基準①②③④⑤⑥⑦……といった複数の基準を勘案していない判断をして、その結果として「仕事がきちんとできていない」というネガティブな評価をされる場合もあります。「一つの基準に一点集中している人」自身は、その基準をなるべく完璧にクリアしようと頑張っているだけで、けっしてその他の基準をわざと無視しているわけではないかもしれません。しかし、周囲の人がそのような様子を見て「融通がきかない」「上司や先輩の期待を無視している」と感じてしまう危険性もあります。

ではここから、この「落とし所を探ることの苦手さ」への対処法について解説します。

①本人の対処法：「隠された基準」を確認し、それに基づき仕事の仕方をパターン化する

仕事のできばえを決める複数の基準の中には、「明らかに重要そうな基準」もあれば「隠された基準」もあります。商品説明で「セールスポイントを強調する」のが重要なのは明らかですが、「早く終わらせて上司から次の仕事をもらう」とか「先輩の意見を商品説明に反映させる」といったことの重要性は「明らか」ではないかもしれません（上司や先輩が「こうしてほしい」と自分の期待を話してくれない場合も多いからです）。このため、複数の基準の意識が苦手な人は、「仕事にはそのような『隠された評価基準』があるのだ」

と考えておき、頼れる相手に相談してそれを教えてもらうとよいです。

第1章第2節で述べたことと重複しますが、やはり「指導役」を頼って、隠された事柄（＝暗黙の了解）を明確に言語化してもらうことが効果的なのです。その上で、たとえば「商品説明を書くときは、締め切りの一週間前までに必ず一度先輩に叩き台を提出する」といったような、**「それを守っておけば隠された基準がある程度クリアできる」という行動パターンを前もって決めておくとよいです。**「どうすればクリアできるか」をその場で臨機応変に判断するには情報の同時処理がかなり必要となってしまうので、事前準備をするわけです。

とくに、「上司や先輩によい気分でいてもらうためのふるまい方」は、職場で明確に説明されない場合が多いかと思います。そのようなふるまいが苦手な人は、大人向けのSST（第1章第2節参照）[1][2]などの本を読んで事前準備をしてもいいかもしれません。

②周りの人の対処法：「隠された基準」を、隠さずに言葉にして伝える

落とし所を探るのが苦手な人自身だけではなく、周りの人の工夫も大切です。具体的には、前述の「隠された基準」を、周りの人が隠さず説明するとお互いのためになります。どのような職場にも、「はっきりと言葉にはされないが、多くの職員が気をつけている

事柄」が、いくらかあるのではないでしょうか。情報の同時処理の苦手さからその事柄に注意が向きにくい、という人はけっして少なくないため、言葉で説明することが重要なのです。

第１節のまとめ

①「仕事のできばえ」を決める基準は複数あり、「何か一つの基準さえクリアすればＯＫ」ではない。
②「様々な評価基準を同時に意識せず、一つの基準だけにこだわりがち」という人も多い。
③仕事の「隠された評価基準」を、隠さずに言葉にしていくことが重要。

参考文献

（1）柳下記子・野波ツナ（二〇一三）発達障害がある人のための　みるみる会話力がつくノート　講談社
（2）加藤進昌（監修）横井英樹・五十嵐美紀・小峰洋子・内田侑里香・月間紗也（編）（二〇一七）大人の自閉症スペクトラムのためのコミュニケーション・トレーニング・ワークブック　星和書店

第2節　「ミスの原因」を考える

スケジュールを忘れる、メールの宛先を間違えるなど、仕事でミスをしたときはたいてい落ち込みますよね。ミスを防ぐことは、気分よく働くためにとても重要なことです。

ただ、「ミスの原因」を振り返らないままで、やみくもにミスをなくそうとするのは望ましくありません。具体的には、自分の「頭の使い方のくせ」を振り返り、「どのようなくせがミスの原因になっているのか」を考えることが重要です。

たとえば、注意欠如・多動性障害（ＡＤＨＤ）の特徴の一つに「不注意」というものがありますが、「不注意」とは言わば「注意があちこちにふらふらと動いてしまうくせ」のことです。また、同じ障害の特徴の一つに「多動性」というものもありますが、「多動性」は「『あれも、これも』と余計なことが頭に浮かびすぎるくせ」とも言えます。ＡＤＨＤの診断をされていない人の中にも、このよう

・・・・・!!
・・・・・!!

予定
予定
予定
大事な予定
予定
予定
予定

なくせが強めな人は大勢います。

そして、「ミスの原因となっているくせ」に気づけると、具体的な対策がしやすくなります。たとえば、「大事な予定を忘れてしまう」というミスの対策を考えるとき、

原因：不注意により「そもそも予定表を見ていない」
対策：かなり大きめの予定表を机の上に置いておく
「○○日になったら予定表を見返す」とスマホのリマインダーに書き込む

原因：予定表を見てはいたが、多動性により「他のことを考えているうちに忘れた」
対策：予定表を見て、やるべきことを確認した「直後」に、すぐそれを実行する

といったように、原因に合わせた対策をしやすくなるわけです。

この「原因に合わせた」というのが重要です。ミスの原因を考えずに、「上司から言われたことはとりあえず全部メモする」、「自分の苦手なことをとりあえず全部書き出して上司に説明する」などの、漠然とした「とりあえず」をやっても効果は表れにくいです。

【解説】「なぜミスするか」がわからないと対策はできない

前節では、「仕事は学校の勉強と違って、正解がはっきりしない」という話をしました。仕事のできばえを評価する基準には様々なものがあり、全ての基準を完璧にクリアするのは難しいので、「正解」ではなく「落とし所」を探らなければいけない――という話でした。

しかしこれは、「どうせ正解は存在しないのだから、各自で好きなようにやればいい」という話ではありません。厄介なことに、正解がはっきりしない一方で、「とはいえこれができないのは明らかに不正解（＝ミス）だ」と思われてしまう事柄はわりと多くあるのです。

たとえば、仕事で何らかのプレゼンをするとき、「プレゼン資料の内容をどうすればよいか」については正解がはっきりしません。どのような内容を「よい」と感じるかは、人によってだいぶ違うからです。しかし、「期限までにプレゼン資料を作るべきかどうか」については、そのプレゼンの関係者全員（上司や先輩、プレゼンを聞く人たちなど）が「作るべき」と考えますよね。関係者たちは「予定通りの日程でプレゼンが行われてほしい」と期待しているので、期限に間に合わないと困るわけです。もしかしたら「予定が変わってもいいよ」と考えている関係者もゼロではないかもしれませんが、だとしてもそのような人はたいてい少数派です。大多数の人は「スケジュールを守ってほしい」と考えるものです。

このため、「予定を忘れてしまい、期限までにプレゼン資料を作れなかった」となると、これは明らかに「不正解（＝ミス）」と見なされます。つまり、「ミス」とはそもそも何なのかというと、**「大多数の人の期待にこたえられない行動をしてしまうこと」**なのです。

本節では、そのような仕事のミスを防ぐために気をつけるべきことについて解説します。

「ミスの原因になりうる自分のくせ」を知る

仕事のミスを防ぐため、何に気をつけるべきか。これは当然、一言で説明できるような事柄ではありませんが、あえて短くまとめると「やみくもなミス対策をしないこと」です。もう少し詳しく言うと、「ミスの原因は何なのかを考えてから対策すること」です。

とくに、**「ミスの原因になりうる、自分の『情報処理のくせ』は何なのか」を考えるこ**

とはきわめて重要です。本書で繰り返し述べてきたことですが、人間の情報処理の仕方は一人ひとり違いますし、「ミスにつながりやすい情報処理のくせ」を持っている人もいるのです。そして、**自分にどのようなくせがあるのかを振り返らずに、人から言われたミス対策（あるいは本やネットなどで目にした様々な仕事術など）をただ漠然とやってみても、効果は表れにくいです。**

例を通して説明します。上司や先輩から言われたことをなかなか守れない（それこそ「言われていた予定をすっぽかす」など）人が、「なぜ守れないのか」を考えずに、「上司や先輩から言われたことを全部メモする」というミス対策をするだけでは上手くいかない場合が多いです。たとえば、もしこの人が「言われたことを忘れている」のではなく、「言われたことがそもそも頭に入っていない」のだとしたら？　つまり、この人には「注意があちこちに逸れやすく、人の話の内容などに集中し続けるのが苦手」という情報処理のくせがあって、それがミスの原因だとしたら？　**メモを取っても、「メモを見直してその内容に集中すること」が難しい**ですよね（メモから「注意が逸れる」わけですから）。となると、いくらたくさんメモしても、仕事に関する大事な情報（「予定」など）が頭に入ってこないですよね。この人のミスは「忘れやすさ」ではなく「情報の頭への入りにくさ」に由来しているのですから、必要なミス対策は「忘れないようにひたすら記録を書くこと」

ではなく、「大事な情報から注意が逸れないよう、情報を強調すること」なのです（たとえば、「人の話を聞いているときに気が散ってしまったら、こういう言い方で聞き直す」という「聞き直し方」を決めておき、聞き直すことで大事な情報をはっきり示してもらうなど）。――といったように、効果的なミス対策をするためには、自分のくせを理解することが重要です。

代表的なミスの原因と対策

さて、ここからは、仕事のミスの原因になりうる代表的な二つの情報処理のくせと、そのくせに応じたミス対策の方法などを紹介します。

①注意があちこちに逸れやすく、身の回りの情報が頭に入ってきにくい

先ほどの例の中で挙げたくせです。身の回りにある情報を丁寧に見聞きするのが苦手で、このため「そもそも情報が頭に入っていない」状態になりがち――という特徴です。

このくせは、注意欠如・多動性障害（ＡＤＨＤ）の特徴の一つである「不注意」(1)のことですが、この障害の診断をされている人だけに不注意があるわけではありません。人は

「不注意のある人／そうでない人」に分かれるのではなく、不注意の「程度の強さ」が人によって違うのです。診断をされていなくても不注意の傾向が強めだという人はいます（ＡＤＨＤの特徴には様々な側面があり、「それらがどの程度自分に当てはまるか」のチェックリストが多く載っている本[2]などが、自分の特徴の理解に役立つかと思います）。

この不注意という特徴は、「注意があちこちにふらふらと動きやすい傾向」とイメージするとわかりやすいかもしれません。この傾向が強いと、たとえば書類を見たり人の話を聞いたりしているときに、**「集中して見聞きしているようでいて、じつは『書類の文言』や『話の内容』とは別のところにふらふらと注意が移ろっている」「このため、『書類の文言』や『話の内容』がそもそも頭に入っていない」という状態に陥り**がちです。いわゆる「見落とし」や「聞き漏らし」によるミスをしがち、ということです。

このタイプのミスは、情報を頭に入れる段階でのつまずきなのですから、これを防ぐためには「いかに情報を頭に入れやすくするか？」を考える必要があります。そして、「情報を頭に入れる段階でつまずいているのだ」と気づけないと、先ほど述べた「言われたことをとりあえずメモする」などのやみくもな対策をしがちです。メモの内容が頭に入っていないのに、メモするだけで満足してしまう（そしてミスをする）人も珍しくありません。

では、「頭に入れやすくする」にはどうすればいいでしょうか。具体的な方法には様々なものがあるかと思いますが、方針として重要なのはやはり**情報の強調**です。身の回りの大事な情報を「はっきりさせる」、つまり自然と注意が向くものにしていくことが重要です。

不注意の傾向が強い人にとって、**仕事の場面で見聞きする情報は、じつはかなり「はっきりしていない」もの**だと考えていいと思います。一般的に、小学校から高校では、忘れてはいけない事柄を担任の先生などが大きく黒板に書いてくれたり、そもそも「忘れてはいけない事柄」が社会人ほどには多くなかったりします。しかし就職すると、「周りの人から唐突に頼まれたこと」とか「業務マニュアルの細かい部分」とか「たくさん送られてくるメール」といった様々な雑多な情報を、見落とさないように／聞き漏らさないようにしないといけないわけです。これらの情報はいちいち強調されるものではないので、注意が「ふらふら」しがちだと、「注意がそこに向かない→頭に入らない」となる場合が多いです。

そこで、たとえば「いつも大きめの付箋を持っておいて、新しい業務を頼まれたらすぐにその業務内容と期限を付箋に大きく書き、自分の机に貼る」などの強調が重要です。ポイントは、言われたことを手帳などにこまごまとメモするのではなく、机に貼る大きめの付箋のような**「自然と目につく大きなもの」に記録する**ことです。いちいち取り出さなければ確認できない手帳などとは違い、いつも使っている机に貼られた大きなものは、自然と視界に入ります。つまり、不注意の傾向が強い人にとっても頭に入りやすくなるわけです。また、不注意の傾向が強い場合、付箋の数が多すぎると大事な情報を探しにくくなるので、「使い終わった付箋はすぐに処分すること」も重要です。

②頭の中に余計な考えが多く浮かびやすい

このくせは、本書でこれまでに述べてきた「頭の多動性」のことです。頭の多動性の概要については第1章第4節にまとめていますが、あらためて簡潔に言うと、**余計な考えがどんどん頭に浮かんでしまう**くせのことです。このくせが仕事の場面で強く表れると、「**『優先するべきではないこと』が頭に浮かびすぎ、それに気を取られているうちに『優先するべきこと』を忘れてしまう**」といったミスをしがちです。

先ほど①で述べたミスは、仕事をする上で必要な情報（上司の話の詳細など）が頭に入っていないことによるミスですが、頭の多動性によるミスは、余計な情報が頭の中にありすぎることによるミスです。たとえば、上司から「○○日までに新商品についてのプレゼン資料を作ってね」と頼まれたとき、「期限までに資料を完成させる」という優先事項以外のことが浮かびすぎると問題ですよね。頭の多動性によって、「プレゼン作りのコツをネットで調べよう」「机が散らかっているから掃除もしておこう」「資料の色使いをもっと綺麗にしたいなぁ」「この機会にパソコンのＯＳをアップデートしておこうか」……などなどの、「優先的にやらなくても大きな実害はない事柄」が浮かび、それらの事柄に時間をかけていると「期限に間に合わなくなる」などのミスをしてしまいます。頭の中の情報の多さがミスの原因になりうる、ということです。

　このため、このタイプのミスを防ぐためには、**情報を減らすという方向性のミス対策も**あるのだと考えておくことが重要です。頭の多動性が強い人は、**いろいろなミス対策の方法を焦って調べているうちに、「あの方法もやらなきゃ、この方法もやらなきゃ……」と頭の中がいろいろな方法でごちゃごちゃになる**（そのせいで結局優先事項を見失う）、という失敗をしがちです。頭の中に情報が多くてミスしているのですから、それ以上むやみに情報を増やしてはいけません。「減らす」「絞る」という発想が重要なのです。

　たとえば、「仕事の途中で余計なアイデアが浮かんで本来の仕事を忘れる」という事態を防ぐために、「予定表を見て今やるべきことを確認したら、原則として確認の直後にそれを実行する」というルールを決めておいてもいいかもしれません。その「即実行ルール」により、「余計なアイデア」が頭に入ってくる隙を作らないようにするのが重要です。また、優先事項がわかりやすくなるスケジュールの書き方などを紹介したワークブック[3]を参考にするのもいいと思います。

くせは併存しうる

なお、①のくせ（不注意）と②のくせ（多動性）が両方とも強めである人も珍しくありません。そのような人は、「身の回りの情報を見落とす・聞き漏らすことが多く、なおかつ余計な考えに気を取られやすい」わけですから、両方のくせへの対策をすることが重要です。

さらに言えば、**①や②のくせと、前節で述べた「複数の情報に同時に注意を向けることの苦手さ」を合わせ持つ人も多いです。**①のくせ（不注意）と「情報の同時処理の苦手さ」があると、「仕事をする上で気をつけるべき複数の事柄にバランスよく注意を向けるのが難しく、一方で何か一つの事柄に集中し続けるのも苦手」となりがちです。また、②のくせ（多動性）と「情報の同時処理の苦手さ」があると、「頭に浮かんだ余計な考えだけに気を取られる→すぐに別の新しい考えが出てきて、今度はその考えだけに気を取られる→また新しい考えが出てきて……」となりがちです。これらの困難がある場合は、仕事に必要な情報に集中し続けやすくするため、身の回りにある余計なものごと（＝気を散らせるようなものごと）をかなり徹底して減らすことが重要です。

第2節のまとめ

①「ミスの原因になりうる情報処理のくせ」を知り、原因に合わせた対策をするのが重要。
②たとえば「情報が頭に入ってこないミス」と「余計な情報に気を取られるミス」は別物で、対策の仕方も違う。
③一人の人が様々なくせを合わせ持つ場合も多い。

参考文献

（1）American Psychiatric Association（編）髙橋三郎・大野裕（監訳）（二〇一四）ＤＳＭ-５ 精神疾患の診断・統計マニュアル　医学書院
（2）ラッセル・Ａ・バークレー／クリスティン・Ｍ・ベントン　山藤奈穂子（訳）（二〇一五）大人のＡＤＨＤワークブック　星和書店
（3）中島美鈴・稲田尚子（二〇一七）ＡＤＨＤタイプの大人のための時間管理ワークブック　星和書店

第3節　「状況の変化」に備える

子どもの頃は目立ったトラブルがなかったのに、大人になってから上手くいかなくなり、発達障害があったとわかる――そのような「大人の発達障害」が昨今注目を集めていますが、本節でもその問題について解説したいと思います。

大人になってから困難が目立ち始める理由の一つに、大人の課題である「仕事」が子どもの課題である「学校の勉強」とはだいぶ違うから、というものがあります。その代表的な違いとして、「仕事には『状況の変化』が多い」というものがあります。

学校での勉強で「状況の変化」はあまり起こりません。決まった時間割通りに授業を受けて、宿題をして、試験を受けて、また授業を受けて……といった「同じことの繰り返し」が続きます。

一方、仕事には「状況の変化」が多いです。仕事は勉強と違い、他人（上司や

同僚）と一緒に取り組む場合が多いですが、人事異動などによってその「一緒に取り組むメンバー」が大きく変わることも珍しくありません。職場によっては、転勤などが多く、働く場所そのものがたびたび変わったりもします。

このため仕事では「変化に対応する力」が求められるのですが、「状況が変化すること自体に強いストレスを感じる」という人は多いです。とくに、自閉症スペクトラム障害（ＡＳＤ）のある人は、一般的に「変化が苦手」という傾向があります。

ＡＳＤの特徴として、「特定のものごとにこだわりがち」というものがあります。この特徴によって、「これまで慣れ

親しんできた仕事のやり方」にこだわってしまう場合もあるのです。このため、働く場所や働くメンバーが変わり、その変化に応じて「これまでのやり方」を変えなければいけないときも、「これまでのやり方」を続けたくて強い苦痛を感じることがあります。「これまでのやり方を変えたら、何かとてもよくないことが起こるかもしれない」という不安にさいなまれる人も多いです。

そのような不安に対処するためには、まず「自分は変化が苦手なのだ」と自覚しておくことが重要です。その上で、「状況が変わって、もし本当に『よくないこと』が起こってしまったら、そのときは○○○○をする」という、「上手く

――いかなかったときのふるまい方」を事前に決めておくことが重要です。

【解説】「以前とは違う」ということ自体が苦痛の原因になる

第4章のテーマは「仕事」ということで、第1節では仕事における「正解の曖昧さ」について、第2節では仕事のミスについて解説しました。いずれも、働くときに誰もが直面しうる困難ですが、本節ではさらに別の困難――「状況の変化の多さ」について解説します。とくに、「状況の変化」が苦手な人の特徴と、その苦手さへの対処法について詳述します。

仕事につきものなのは状況変化

昨今、自身の発達障害特性が大人になるまで気づかれない「大人の発達障害」の問題が注目を集めていますが、成人期に気づかれるケースが多い理由の一つに、「学校の勉強では表れにくい特性が仕事で表れる場合が多いから」というものがあります（成人期まで発達障害特性を見過ごされていた方々の様々な事例と、そのような方々が直面する困難への対処法について詳しく書かれた本もあります(1)）。このため、そのようなつまずきを防ぐためには、「仕事ならではの難しさ」は何なのかを把握しておくことが重要です。その代表的なものが状況変化の多さなのです。

学校の勉強は、ある程度「ルーティン化」された活動です。つまり、「いつ、どこで、何をするべきか」がだいたい決まっていて、その決まったことをルーティン的に（＝習慣的に）繰り返す力が求められます。授業の時間割は「○曜日の△時間目は□□の授業」と固定されていて、先生の気分などによって予定がコロコロ変わることは基本的にはありません。さらに、「宿題が出される↓期限までに宿題を提出する↓また宿題が出される」というサイクルを繰り返すことも、定期試験がその名の通り「定期的に」行われることも、一種のルーティンと言えます。このため、学校の勉強で成果をあげるために、「状況が大きく変わったときに臨機応変に対応する力」はさほど求められません。

しかし仕事ではたいていこの力が求められます。最初に述べた通り、仕事をしていると「状況が変わること」がよくあるからです（業種などによってその頻度に差はありますが、少なくとも学校生活よりは変化が多めです）。

なぜ状況が変化しやすいかというと、**学校の勉強が基本的に自分一人で取り組むものであるのに対し、仕事は周りの人と一緒に行う場合がかなり多いからです。**もちろん勉強に際しても学校の先生や塾の先生などの「他者」とかかわること自体はありますが、その人たちは勉強に役立つアドバイスをしてくれるサポート役に過ぎず、宿題に取り組む主体や試験を受ける主体はあくまで自分一人です。しかし大多数の仕事はそのように自分一人だけで完結するものではなく、他者と協力して一緒に成果をあげようとする取り組みです。会社員も公務員も「同じ部署の人」や「取引先」などと協力しながら成果をあげようとする（製品を作る・商品を売る・対人援助を行うなど）わけですし、個人事業主も様々な商売相手の期待に応じなければいけないのですから、「個人」と言ってもけっして自己完結しているわけではありません。そして、**他者と協力しなければいけないということは、「他者の事情」が変わるたびに、自分の働き方もそれに合わせて変えなければいけないということです。**

学校の勉強のような自己完結した取り組みなら、先生や同級生などの他者の事情が変わっても（たとえば「先生が遠くの街に引っ越すことになった」など）、自分のやるべきことは大して変わりません（たとえば「勉強しなければいけない内容」自体は変わりません）。一方、仕事で協力する他者の事情が変わると（たとえば「同僚のAさんが休職することになった」など)、そのとき自分が「これまでと同じ働き方を続けたい」と思っていたとしても、その希望通りにはならないことがよくあります（たとえば「Aさんの分の仕事も自分が担当しなければいけない」など)。仕事における典型的な状況変化として異動や転勤もありますが、これも「組織としてはこの部署に人手が欲しくなった」という他者（＝組織全体）の事情ありきの変化です。前述した「決まったことの繰り返し」が得意な人も、決まったことを繰り返すという「自分自身の行動」はコントロールできる一方、他者の事情まで完全にコントロールすることは難しいです。このため仕事では、ある程度は「他者の事情による状況の変化」に直面せざるを得ないわけです。

「注意の切り替え」の苦手さ

しかし、そのような状況の変化自体が苦手だと感じる人は多いです。具体的には、「ものごとの全体像に注意が向きにくい」という特徴が強めの人ほど、変化への対応に苦手さを感じがちです。ものごとの全体像をとらえる力のことを「中枢性統合」と言い（詳しくは第2章第4節参照)、一般的に自閉症スペクトラム障害（ASD）のある人は中枢性統合が弱い傾向にあるのですが、中枢性統合が弱いと「全体像」より「部分的なこと」に注意が向きやすいです（よく言われる「ＡＳＤのある人はこだわりが強い」という傾向の理由も、「部分的なことばかりに注意が向き、そこに固執してしまうから」と説明できる場合が多いです。こだわりと中枢性統合の関係について詳しく解説している本もあります[2]）。この特徴が仕事の場面で表れると、職場全体の様子にはなかなか注意が向かず、「今、目の前にある仕事のこと」ばかりに注意が向いてしまいます。簡単に言えば**視野が狭くなる**わけです。このため、たとえば「新しい職員がやってきて、その職員と一緒に働かなければいけなくなった」とか、「会社の規則が変わって、書類の書き方がこれまでとは違うものになった」とかいった状況の変化が起こったときも、**「これまでの仕事のやり方」**から**「新しいやり方」への切り替えがスムーズに行えない**場合が多いのです。状況の変化に対応するということは、「これまでの仕事のやり方（＝部分的なこと）から注意を引き離して、変化している職場**全体**の状況に注意を向け、それに応じて新しいやり方を始める」ということです。中枢性統合が弱くなければ、このような注意の動きがわりと自然にできるわけですが、そうでなければ**「これまでの仕事のやり方」に注意が固定されがち**です。要するに、状況が変わっても「これまでのやり方」にこだわってしまうわけです。その結果として、「新しくやってきた職員とペースを合わせられず、これまで通りに自分一人で作業を進めてしまう」とか、「書類の書き方のルールが変わっても、以前と同じ書き方を繰り返してしまう」

とかいった失敗をしやすくなるのです。

そのような苦手さがあるため、中枢性統合が弱めな人は、状況が変わったときに人一倍強いストレスを感じやすいです。がっちりと固定された注意を頑張って動かさなければいけない（＝「これまでのやり方」から引き離さないといけない）こと自体が負担になりますし、その注意の動きがなかなかスムーズにできないわけですから、**「自分は変化への対応に失敗するかも」という強い不安も伴いやすい**です。もちろん、「状況が変わり、慣れていないやり方で仕事をしなければいけない」という場面では、どんな人でも多少はストレスを感じるかと思います。「慣れていない」のですから。ただ、「変化している職場全体の状況に自然と注意が向く人」と「注意が向きにくい人」とでは、感じるストレスの強さがかなり違うと考えられます。「職場全体の状況に注意が向きにくい人」が状況変化への対応を求められるということは、**対応のために必要な情報がなかなか頭に入ってこない中で判断をしなければいけない**ということです。たとえば、「新しく来た職員がどのような仕事のやり方を好んでいるか」をスムーズに察することが難しかったりする中で判断をしないといけないのですから、**「判断ミスをするかも」といった強い不安にとらわれて当然な**のです。

変化へのストレスにどう備えるか

ではここから、状況の変化が苦手な人がストレスの溜め込みを防ぐ方法を解説します。

①まず、「状況の変化がとくに多い業種」をできる限り避ける

話の単純化はしたくないのですが、ここではあえて単純な提案をします。**状況の変化が多めの業種は選ばないことが重要です。**もちろん、状況の変化は仕事全般においてどうしてもある程度は伴うものですが、それでも比較的変化が少ない仕事を探すのが重要です。

この話をわざわざ強調しているのは、「自分は変化が苦手なのだ」ということを振り返らずに「状況の変化がとくに多い仕事」に就こうとしている（あるいはすでに就いている）人が珍しくないと考えられるからです。なぜそのように考えられるかというと、前述の通り「学校の勉強」では状況の変化に対応する力があまり求められないので、**状況の変化が苦手な人が学校生活では大きくつまずかず、つまずかなかった結果として「自分は状況の変化が苦手かもしれない」と振り返る機会を持たないまま就職活動を始めてしまう場合が**わりとあるからです。筆者がこれまでに相談を受けた人たちの中にも、自分の苦手さを振

り返る機会を持たないまま就職活動を行い、営業や接客業のような「毎日いろいろな人を相手にしなければいけない仕事（＝相手によって対応の仕方を細かく変えなければいけない仕事）」などに就いて強いストレスを感じている人が多くいらっしゃいました。

もちろん、だからといって「学校生活で大きくつまずいていた方がいい」と言いたいわけではありません。ただ、就職先を探すときに、「自分は、周りの状況が変わったときに適当に合わせることがどのくらい得意か？」については考えておいた方がいいと思います。そしてそれがかなり苦手だという人は、前述した「毎日いろいろな人を相手にしなければいけない仕事」や転勤が多い会社などを、無理せずに避けた方が望ましいかと思います。

②「変化に対応できなかったとき、どのような行動をとるか」を前もって決めておく

こちらは、前述した「変化への対応に失敗するかも」という強い不安を軽くするための対処法です。「失敗したら全てがおしまいだ」といった極端なネガティブ思考に陥らないよう、失敗したときにどう動くかを前もって具体的に決めるのです。**失敗せず予定通りに進むときのプランが「プランA」なら、「プランB」も作っておくといい**、というわけです。

中枢性統合が弱めだと、「特定の一つのやり方」にこだわりやすくなるので、目の前の

問題に対応するときに「プランAしかない」と感じがちです。たとえば、異性が苦手な人が異性ばかりのチームに入って仕事をしなければいけなくなったとき、「極力礼儀正しく接して受け入れてもらう」というプランAしか考えず、その結果「礼儀正しくないと思われたら全てがおしまいだ」と強い不安にさいなまれたりするわけです。その不安に対して、周りの人は「失敗したら『そのときはそのとき』で考えればいいよ」と思うかもしれません。しかし、「そのときはそのとき」で対応するには「そのとき」の状況全体を冷静に見渡す必要があり、中枢性統合が弱めの人にとってそれはかなり難しいのです。そこで、「そのときはそのとき」と大ざっぱに考えるのではなく、「もし異性の職員との間でトラブルが起こったら、すぐ相手に謝り、その上で上司の○○さんに報告して今後の対応について相談する」といった具体的なプランBを考えておくことが重要となります。**失敗したときに注意を向ける対象を「状況全体」ではなく「プランB」に絞る**ことで、視野が狭めな人でも「要するにここ（プランB）に注意を向ければいいのだ」という安心感を得やすくなります。なお、「人間関係の失敗」についてのプランBが全然思いつかない（どうすればカバーできるのかが曖昧でわからない）という人は、頼れる人に尋ねて助言をもらったり、人間関係で気をつけるべき事柄が明文化された本[3]などを読んだりするといいかもしれません。

第3節のまとめ

①ものごとの全体像に注意が向きにくいと、状況変化への対応が苦手になりがち。
②就職先を探す際、自分の「変化への対応の苦手さ」がどの程度か、考えておくのが重要。
③「変化に対応できなかったときのプラン」を前もって決めておくことも重要。

参考文献

（１）大島郁葉・鈴木香苗（二〇一九）事例でわかる思春期・おとなの自閉スペクトラム症――当事者・家族の自己理解ガイド　金剛出版
（２）本田秀夫（二〇一三）自閉症スペクトラム――１０人に１人が抱える「生きづらさ」の正体　SBクリエイティブ
（３）テンプル・グランディン／ショーン・バロン　門脇陽子（訳）（二〇〇九）自閉症スペクトラム障害のある人が才能をいかすための人間関係１０のルール　明石書店

第4節　頑張りすぎを防ぐために

　本書ではこれまで主に、生活の中での「上手くいかなさ」の原因と対処法について解説してきました。仕事や対人関係などで「上手くいかない」と感じるのは珍しいことではありませんし、対処法次第で上手くいくことも多いです。

　ただ、「対処すること」と同じくらい、「『全部は上手くできなくてもいい』と考えること」も重要です。誰であれ、失敗や心残りを完全になくすことはできません。

　しかし、知らず知らず「できる限りの対処を全てやるべきだ」と考えてしまう人も、じつは大勢いらっしゃるのではないかと思います。できる努力は全てやらなければ、と思いつめ、少しつまずいただけで過剰に自分を責めてしまう。心の調子を崩した方の中には、そのような「頑張りすぎ」に苦しんでいる方も多いのではないでしょうか。

目標
目標

言いかえると、「頑張ること」への過剰なこだわりが、人を追いつめる場合もあるということです。人によっては、自閉症スペクトラム障害（ＡＳＤ）の特徴である「こだわりの強さ」が、そのような「頑張りへのこだわり」として表れることもあります。そして、「こだわっていること」を自覚できないと、ますます自分を追いつめがちです。

このため、もし生活の中で「上手くいかない」と感じるときが多いなら、「そもそも目標が高すぎないか？」と自問することも重要です。「ミスをしない」「自分のことは自分で解決する」「苦手な人とも仲よくする」……じつはこれら全て、「高すぎる目標」ではないでしょうか？

「理想通りにならないこともあって当たり前」と考えて、生活の目標を少し下げてみることも、気持ちよく暮らしていく方法の一つだと思います。そのような考え方に即して、仕事の量を減らしたり、誰かに手伝ってもらったり、苦手な人とかかわる時間を減らしたりすることが、日々を充実させていく場合もあるかもしれません。

【解説】「立派な社会人」という幻想にとらわれないように

本節が、第４章の最後の節です。第４章のテーマは「仕事」であり、これまで「仕事の難しさの原因」と「その難しさにどのように対処するとよいか」について述べてきました。本節でも仕事における困難について述べるのですが、前節までとは少しニュアンスの違う話をしたいと思います。前節までの話題の中心が、「社会人としての望ましい働き方が上手くいかない」という困難だったのに対し、本節の話題の中心は「『立派な社会人にならなければ！』と思いつめてしまう」という困難です。

トラブルの原因は一つだけではない

筆者は普段、様々な人の相談を受ける中で、「自分は『普通の人にできること』ができないのだ」という劣等感を抱えた人たちとよくお会いします。そして、話をよくよく聞いていると、その人たちの想定している「普通の人はこのくらいできるものだ」という基準があまりにも高すぎる、と思えてくる場合も多いです。

「普通の人は自分と違って、たいていの人と仲よくできる」「普通の人は自分と違って、同じミスを繰り返したりしない」。だから「自分には発達障害があるのかもしれない」――といったように、何かに行き詰まったらすぐ「自分が普通ではないからこうなるのだ」と解釈しがちな人は多いです。当たり前の話ですが、発達障害の特徴があまり強くない人でも、「誰かと仲違いする」「ミスを繰り返す」などのトラブルをまったく起こさないで生きていくのは難しいです。一つ二つのトラブルを起こしただけで「私は普通ではない！」と自分を責めるのは、とらえ方が極端すぎます。より具体的に言うと、このようなとらえ方をしがちな人は、**「トラブルは様々な原因が絡み合って生じる」という観点を持てていない**ことで苦しんでいるように見受けられます。つまり、自分の発達の偏りこそがトラブルの原因なのだと強く思うあまり、**「環境」とか「そのときの気分」とかいった他の要素も原因になっていることを見落とし、**結果として過剰に自分を責めているように見受けられます。

たとえば、「仕事の量が以前よりも増えてきた一方で、残業は禁止されるようになった」という環境の変化があったとします。その変化以降、とある社員Aさんが、たびたび書類の記入漏れやスケジュールの失念などのミスをするようになったとします。このときAさんが（あるいはＡさんのご家族や同僚が）「こんなにミスをするのは発達障害だからかも!?」と取り乱していたら、それはちょっと短絡的すぎると思いませんか？　というのも――また「当たり前の話」をしますが――**仕事の量が増えれば誰でも余裕がなくなってミスをしやすくなる**からです。Ａさんの例のように、勤務時間は増やせないのに以前よりも多くの仕事を任されると、一つひとつの仕事の見直しなどをする時間は当然減ります。さらに言えば、短時間で多くの仕事をさばかなければいけない状況では緊張感も高まりますし、緊張のせいで周りの状況がよく見えなくなる（そしてミスする）ことも当然ありえます。もちろん、その人自身の発達特性（本書で繰り返し述べてきた「情報処理のくせ」）も、見落としや忘れ物などの原因になりえますが、それだけによってトラブルが起こるわけではないのです。**発達障害の特性が強かろうが弱かろうが、「様々な要素の絡み合い」次第**で、**人は誰もがトラブルを起こしうる**ものです。ゆえに、トラブルを起こすとすぐ「私は普通ではない！」と考える人は、前述の通り「『普通』の基準が厳しすぎる」と見受けられます。

（また、「トラブルを起こすのは、発達障害だからに違いない」とすぐさま決めつけるのは、発達障害のある人たちに対して非常に失礼であるという点でも問題です。これも当然の話ですが、発達障害のある人たちの中にも「工夫してトラブルを上手く防ぎながら暮らしている人たち」が大勢います。トラブルの原因はあれもこれも全部発達障害特性、と考える人は、発達障害のある人たちを無自覚のうちに軽んじすぎです。）

もっとも、トラブルを起こしたときに「原因はいろいろあるから仕方ないのだ」とゆったり構えておくのは難しいことです。そして「仕事」のトラブルを起こしたときは、とりわけ強く動揺しやすいかと思います。というのも、学校生活や趣味の世界とは違い、仕事では明確に何らかの責任を負わされる（「このような役目を果たさなければならない」と周囲から求められる）からです。そこでトラブルを起こしたら焦るのも当然です。しかし焦りやすいものだからこそ、**トラブルをきっかけに焦りすぎて「自分の存在そのものを責める」ということがないように気をつけなければいけません。**「自分は劣った人間だからどうにかしなければいけないのだ」という漠然とした自己否定は、気分を落ち込ませるだけですし、漠然としているため「具体的なトラブル対策」を考える上で役立ちません。大切なのは、「トラブルを防ぐためには○○や△△をするとよさそうだ」といったように、とるべき具体的な行動を考えることです。自分は発達障害の特性が強めかもしれない、と思っても、**「自分そのもの」は否定せずにあくまで「仕事のやり方」を工夫していくのが重**要です。具体的なやり方を自分一人ではイメージしにくいときは、相談できる人からそれを教えてもらったり、発達障害特性に合わせた仕事のコツを多く紹介している本[1][2][3][4]などを参考にしたりするのも効果的かと思います（もちろん、紹介された方法を手当たり次第に試してみるのではなく、「自分は何が苦手か、だから何をするとよいか」を考えながら試すことが重要です）。

規範に対するこだわり

いったん、ここまでの話をまとめます。「『普通』はこうであるべきだ」「そして自分は『普通』ではない」「だから、まずい」といった大ざっぱな自己否定はしない方がいいです。「仕事」というテーマに即して言えば、「社会人ならこのくらいできて当たり前だ」「なのに自分はそれができていない」「だから、まずい」という、「立派な社会人像へのとらわれ」を防ぐのが重要だということです。繰り返しますが、トラブルは誰でも起こします。

しかし人によっては、そう言われてもやはり「社会人ならこのくらいできないと……」という考えに強く固執する場合もあるかもしれません。そして、何らかのトラブルを起こすたびに「自分は劣った人間に違いない……」と思いつめる場合もあるかもしれません。そのように、とらわれがかなり強固であるなら、一度「なぜそこまでとらわれてしまうのか？」を考えてみてもよいかと思います。それを考えるに際して、**自分がもともと持って**

いる「情報処理のくせ」も「とらわれ」の原因になっていないか、という観点を持つことも重要です。劣等感の強い人は、「なぜそこまでとらわれるのか」を考えるときもついつい「自分のメンタルが弱いから」とか「自己肯定感が低いから」とかいった精神論的な解釈をしがちかもしれませんが、もともと持っている注意の向け方の傾向、言わば体質のようなものが原因で「とらわれ」が強固になる可能性も念頭に置いておくとよいかと思います。

もう少し具体的に述べます。これまで本書で何度か挙げてきた「部分的なことに注意が向きやすい傾向」や「頭の中に様々な考えが浮かびすぎる傾向」が、本節で述べた「『立派な社会人像』へのとらわれ」の原因にもなりうるので、自分にそのような傾向がどのくらいありそうかを考えてみることが重要です。一般的に、自閉症スペクトラム障害（ＡＳＤ）のある人は前者の傾向がとくに強め、注意欠如・多動性障害（ＡＤＨＤ）のある人は後者の傾向がとくに強めですが、「診断をされていなくてもこれらの傾向が強め」という人ももちろん大勢いらっしゃいますから、「自分は発達障害なのかどうか」よりも「これらの傾向が生来の性質として自分にどの程度ありそうか」という観点で振り返るとよいかと思います。

「部分的なことに注意が向きやすい傾向」によって、「立派な社会人にならなければダメだ！」と固執してしまう人は多いです。この傾向は前節でも述べた「中枢性統合の弱さ」という、いわゆる「こだわり」の原因になりうる傾向ですが、人によっては**「立派な社会人になるためにひたすら頑張ること」にこだわる**場合があるわけです。社会人なら仕事に私情を挟んではいけない、上司の言うことは守らなければいけない、遅刻や予定忘れなどもってのほか……といった規範は、たしかに大切ではありますが、それらの規範だけに注意を向けていると必要以上にストレスを溜め込んでしまいます。いつでも規範通りにやろうとするのではなく、「ここはあえて少し不満を訴えてみよう」とか「上司に言われたこともある程度は聞き流そう」とかいった適度な手抜きをすることで、大きく調子を崩すことを防げる場合もあるかと思います。手抜きをした時点でのパフォーマンスは多少落ちても、手抜きのおかげで余裕が持てるから安定して長く働き続けられて、結果として組織全体としてのパフォーマンスは上がるかもしれません。しかし**中枢性統合が弱いと、この「全体としてのよし悪し」を意識するのが苦手で、「上司の言うことは守らなければいけない」などの規範だけ（＝部分的なことだけ）にこだわりがちです。**そのせいで仕事を張り切りすぎて疲れ果ててしまう人もいれば、「規範通りにできないなら働かない方がいい」と感じて、完璧主義ゆえに引きこもってしまう人も珍しくありません。

また、「頭の中に様々な考えが浮かびすぎる傾向」によって、トラブルを起こすとすぐに「普通の人ならもっと上手くやれるはず」「自分は仕事ができない」「周りに迷惑をかけてばかり」「社会人失格だ」……といった悲観的な連想をしすぎる人も多いです。生来の「考えの浮かびやすさ」によって、**「自分がいかに理想の社会人像からかけ離れているか」について延々と考え続けることができてしまう**、というタイプの「とらわれ」もあるわけです。

引いて見る、ということ

当然、「規範へのとらわれ」の原因には、生まれつきの情報処理のくせ以外のものもあります（たとえば、誰かから「立派な社会人になれ」と厳しく指導された経験など）。ただ、情報処理のくせ（＝生来の体質的なもの）がいくらかでもありそうなら、「規範にとらわれる理由の一つに、生来のくせもありそうだ」と意識しておくのはとても大切なことです。そうすることで、「規範が『絶対に正しいこと』のように感じられるのは、くせによって生じる一種の錯覚かもしれない」と考えやすくなるからです。**生来のくせが原因となって、規範ばかりに注意が向いて「全体」を見られていないのかもしれない、あるいは余計な連想をしすぎているかもしれない**――そのことを自覚できると、くせそのものがなくなりはしなくとも、「くせによる錯覚にとらわれすぎないようにしよう」と意識しやすくなります。

もう少し話を広げて言うと、「社会人はこうあるべき」「大人はこうあるべき」「家族はこうあるべき」「子育てはこうあるべき」などの様々な断定をしてしまうとき、**「この断定は、自分のくせによる偏った見方ではないか？」と自問するのが重要だということです。**このような自問、つまり「自分のくせを引いて（距離をとって）見ること」は、なかなか難しいものではあるかと思います。だからこそどのような人も――筆者自身も――常日頃から「引いて見ること」を意識する必要があると思い、本書の締めくくりにこうして強調した次第です。

なお、今の世の中においては、「発達障害のある人は仕事が上手くいかない」などの「発達障害は○○」という類の断定（＝レッテル貼り）を見聞きする場合もよくあるかもしれません。それについても「偏った見方では？」と、「引いて見る」のが重要かと思います。

第４節のまとめ

①トラブルは様々な原因が絡み合って生じる。トラブルの原因を全て「発達の問題」と見なすのは短絡的。
②「立派な社会人になるためにひたすら頑張ること」にこだわってしまう人は珍しくない。
③「～はこうあるべき」という断定を、「自分のくせによる偏った見方ではないか？」と自問するのも重要。

参考文献

（１）林寧哲（監修）對馬陽一郎（著）（二〇一七）ちょっとしたことでうまくいく 発達障害の人が上手に働くための本　翔泳社
（２）林寧哲（監修）對馬陽一郎・安尾真美（著）（二〇一八）ちょっとしたことでうまくいく 発達障害の人が会社の人間関係で困らないための本　翔泳社
（３）太田晴久（監修）（二〇一九）職場の発達障害　自閉スペクトラム症編　講談社
（４）太田晴久（監修）（二〇一九）職場の発達障害　ＡＤＨＤ編　講談社

あとがき――全てを「発達障害だから」で済ませないために

発達障害はまだまだ未知の部分が非常に多い概念です。本書では、「発達障害のある人はこのような『ものの見方・考え方』をする傾向がある」という知見を複数紹介しましたが、これらはあくまで「現時点での仮説」です。このため、本書で紹介している知見は、今後様々な研究を通して更新される可能性があります。

ただ、「人間の『ものの見方・考え方』は、一人ひとり細かく違っているものだ」という観点そのものが、今後の研究などによって「間違っている」と否定される可能性は低いのではないかと思います。

筆者は、この観点を持つこと自体に大きな意義があると考えています。この観点無しに、たんに「発達障害」という概念の存在を知っているだけでは、**なまじその知識があるせいで人間一人ひとりの具体的な特徴に関心を持たなくなる**場合も多いと思うからです。

たとえば、人付き合いが苦手な人と出会ったとき、「あの人はたぶん、発達障害だから」。忘れ物が多い子を見たとき、「あの子はたぶん、発達障害だから」。自分自身が仕事や人間関係につまずいたとき、「私はたぶん、発達障害だから」。

「発達障害だから」――それ以上のことは考えない。その一言で全部説明がついた気がして、具体的なその人らしさや、具体的な一人ひとりの違いは理解しようとしない。もしそうなってしまったら、それは「発達障害のことを中途半端に知っているせいで、人間への関心を失ってしまった状態」と言えるのではないでしょうか。

そして、知らず知らずその状態に陥ってしまうのを防ぐためには、

◎相手の特徴や自分の特徴について考えるときに、
「この人は（自分は）発達障害なのか？　そうではないのか？」

を気にするだけではなく、

「この人らしい（自分らしい）『ものの見方・考え方』は、何なのか？」

という観点で考えること

が重要ではないかと思います。

人付き合いが苦手なあの人は、会話をするときに、どんな注意の向け方をしている？

忘れ物が多いあの子には、先生の話がどう聞こえている？　黒板がどう見えている？

自分が仕事でミスをするとき、頭の中ではどんなことが起こっている？

このように「その人ならではの特徴」に関心を向けた方が、様々な困難への対処法も考

えやすくなるかと思います。その対処法の例は本書で紹介してきた通りですが、「その人に合った対処法は何なのか」も一人ひとり微妙に違うわけですから、**「本書で紹介した方法とは別物だけれど、その人にとってはものすごく合っている」という対処法も当然存在すると思います。**そのような対処法を探るためにも、「発達障害かどうか？」だけではなく「『その人らしさ』は何か？」という観点を持つことは、非常に重要です。

また、本書の中で何度か述べてきましたが、発達障害は「その特徴がある人」と「ない人」にくっきり分かれるものではありません。人は「発達障害のある人」と「それ以外の普通の人」に二分されるのではなく、どんな人にも「その人らしい『ものの見方・考え方』」があり、そのような意味では「『普通の人』など存在しない」とも言えるかと思います。

このため、「その人らしい『ものの見方・考え方』に基づいて対処法を考える」というスタンスは、発達障害の診断がされていない人や、発達障害の特徴が弱めの人にも適用可能です。つまり、自分や家族が生活の中で何かにつまずいたとき、

「私は普段、身の回りのものごとに、どんなふうに注意を向けている？」

「うちの子がものを考えるとき、頭の中ではどんなことが起こっているのだろう？」

などの想像をすることは、「その人が発達障害かどうか」に関係なく役立つことかと思います。どんな人にも、その人ならではのくせがあるわけですから。

本書が、くせを詳しく理解するための手がかりとなればさいわいです。

最後に、本書の執筆にあたって様々な面でご指導くださりました下山晴彦先生と黒田美保先生に、深く御礼申し上げます。下山先生からは企画の段階から、重要な知見を読者の方々に丁寧にお伝えするための数多くのアイデアをご教示いただきました。黒田先生からは、発達障害支援に活かされる様々な研究結果の詳細や、それらを本文に適切に反映させる方法をご教示いただきました。先生方にご監修いただけなければ本書を書き上げることはできませんでした。あらためまして、誠にありがとうございました。

また、編集を担当してくださった吉岡昌俊さんに深く感謝いたします。本書の構成等に関して詳しくご助言いただき、また本文の内容を細部までチェックしていただき、誠にありがとうございました。素敵なイラストを描いてくださった安川ユキ子さんにも、心より感謝申し上げます。

そして、本書を手にとってくださった読者の皆様に、厚く御礼申し上げます。

二〇二一年

高岡佑壮

監修者あとがき

高岡佑壮先生とは、先生が東京大学大学院の修士課程の頃からのおつきあいになります。博士論文の審査も担当させていただきました。当時から、高岡先生は、発達障害支援にとても関心があり、特に知的障害の無い、高機能と言われる青年・成人への支援をテーマとして研究と臨床をしておられました。

さて、近年まで、発達障害のある高機能成人は、一見すると発達障害に見えないため支援の対象に入っていませんでした。通常の教育を受け、普通に話し、会話が時々流暢でなくても偶然くらいに思われ、そして、仕事が計画的にできない、時間が守れないといった問題は、全て本人の怠惰や熱意不足に帰属されてきました。そのため、学校や職場での失敗体験が自己肯定感を喪失させ、ひいては鬱や不安障害などの精神疾患につながることさえありました。一方で、こうした精神疾患の背景に発達障害があるという報告が多数されるようになり、現在、成人期になって初めて発達障害と診断される人が非常に増えています。これは、日本だけでなく、世界的な潮流であり、それに伴い発達障害のある高機能成人への支援が進みつつあります。しかし、今まで支援の対象となっていなかったため、実際の日常生活でどのように支援をすれば良いのかといった方法論は確立していません。本書は、こうした支援方法を最新の科学的な知見と実際の臨床を融合して提案しており、画期的な一冊と言えます。

また、本書では、発達障害の行動特徴の背景にあるものの見方、考え方を詳しく説明しています。今までの本は、行動の特徴とそれにどう対応するかを述べることに終始し、単なる対症療法になっていました。しかし、本書は、行動を生み出す基盤にある「ものの見方と考え方」つまり認知の枠組みの特徴を理解することで、将来起こるかもしれない問題への予防的な対応も可能としています。例えば、自閉症スペクトラム障害（ＡＳＤ）の認知仮説には「心の理論障害」「中枢性統合の弱さ」「実行機能障害」などがありますが、この認知の特徴を理解することで、発達障害の当事者の方が自己理解を深めることができ、また、認知特徴から生じるであろう実生活での問題を予測し対応を考えられるわけです。当然、支援者も発達障害の人の行動を認知の枠組みで捉えることで、次の一手を事前に用意できます。

本書は、発達障害の当事者の方、そのご家族、学校や職場、地域に対し、行動の基盤となる認知を中心に解説することで、今後の対応・支援の指針を与えてくれるものとなっています。多くの方に読んでいただければ幸いです。

二〇二一年　すべての人が自分らしく生きられる日々を願って

黒田美保

《著者紹介》

高岡佑壮（たかおか・ゆうしょう）

2017年　東京大学大学院教育学研究科臨床心理学コース博士課程修了

東京大学医学部附属病院こころの発達診療部，その他都内精神科等での勤務を経て，

現　在　東京認知行動療法センター／東京発達・家族相談センター勤務

博士（教育学），臨床心理士，公認心理師

著　書　『10代のためのソーシャルシンキング・ライフ――場に合った行動の選択とその考え方』（訳）金子書房，2020年

『公認心理師の職責』（共著）ミネルヴァ書房，2020年

《イラスト担当者紹介》

安川ユキ子（やすかわ・ゆきこ）

イラストレーター

1991年生まれ

2014年　玉川大学芸術学部卒業

2015年　パレットクラブスクール17期修了

2016年　イラストレーション青山塾18期修了

2018年　鈴木成一イラストレーション塾装画コンペ　優秀作品

ペーターズギャラリーコンペ　大久保明子賞最終選考，峰岸達賞最終選考

2019年　ペーターズギャラリーコンペ　木内達朗賞最終選考，鈴木成一賞最終選考

《監修者紹介》

下山晴彦（しもやま・はるひこ）

1983年　東京大学大学院教育学研究科博士課程中退

東京大学学生相談所助手，東京工業大学保健管理センター専任講師などを経て，

現　在　跡見学園女子大学心理学部教授　東京大学名誉教授

博士（教育学），臨床心理士，公認心理師

著　書　『公認心理師の職責』（共監修・共編著）ミネルヴァ書房，2020年

『臨床心理学概論』（共監修・共編著）ミネルヴァ書房，2020年

『公認心理師必携　精神医療・臨床心理の知識と技法』（共編）医学書院，2016年

『臨床心理学をまなぶ２　実践の基本』東京大学出版会，2014年

『臨床心理学をまなぶ１　これからの臨床心理学』東京大学出版会，2010年

『よくわかる臨床心理学　改訂新版』（編集）ミネルヴァ書房，2009年

黒田美保（くろだ・みほ）

東京大学大学院医学系研究科脳神経学専攻博士課程修了

国立精神神経医療研究センター，福島大学，名古屋学芸大学等での勤務を経て，

現　在　帝京大学文学部心理学科教授

博士（医学）博士（学術），公認心理師，臨床発達心理士，臨床心理士

著　書　『発達障害支援に生かす適応行動アセスメント』（共監訳）金子書房，2021年

『公認心理師技法ガイド――臨床の場で役立つ実践のすべて』（共編）文光堂，2019年

『公認心理師のための発達障害入門』金子書房，2018年

『これからの発達障害のアセスメント――支援の一歩となるために』（編著）金子書房，2015年

『日本版 Vineland-II 適応行動尺度』（共同作成者）日本文化科学社，2014年

発達障害のある人の「ものの見方・考え方」
——「コミュニケーション」「感情の理解」——
「勉強」「仕事」に役立つヒント

2021年11月30日　初版第１刷発行　〈検印省略〉
2022年11月10日　初版第４刷発行

定価はカバーに
表示しています

監修者　下山晴彦
　　　　黒田美保
著　者　高岡佑壮
発行者　杉田啓三
印刷者　江戸孝典

発行所　株式会社　ミネルヴァ書房
607-8494　京都市山科区日ノ岡堤谷町１
電話代表　075-581-5191
振替口座　01020-0-8076

共同印刷工業・藤沢製本

ISBN978-4-623-09289-5
Printed in Japan